U0925778

培养最完美的女孩全集

翟晓斐|编著

1~16岁女孩
家庭教育必备指南

内蒙古出版集团　远方出版社

图书在版编目（CIP）数据

培养最完美的女孩全集/翟晓斐编著.--呼和浩特:远方出版社,2014.1

ISBN 978-7-5555-0053-7

Ⅰ.①培… Ⅱ.①翟… Ⅲ.①女性－家庭教育 Ⅳ.①G78

中国版本图书馆CIP数据核字(2013)第293793号

培养最完美的女孩全集

作　　者　翟晓斐
责任编辑　孟繁龙
装帧设计　柏拉图创意机构
出版发行　内蒙古出版集团　远方出版社
社　　址　呼和浩特市乌兰察布东路666号
　　　　　（电话：0471－2236466 邮编：010010）
经　　销　新华书店
印　　刷　北京毅峰迅捷印刷有限公司
开　　本　710mm × 1000mm　1/16
字　　数　237千
印　　张　15.25
版　　次　2014年3月 第1版
印　　次　2014年3月 第1次印刷
标准书号　ISBN 978-7-5555-0053-7
定　　价　29.80元

如发现印装质量问题，请与出版社联系调换。

女孩似珍贵而独特的花，不论是美丽动人，还是娇弱怜怜，抑或心思细腻，都各有千秋。都说女儿是父母的贴心小棉袄，温暖人心，对于父母而言她们都是世界上独一无二的存在，同时，她们也十分需要父母的精心呵护以健康成长。

对于女孩来说，所谓气质就是那由内而外自然而然散发出来的芳香，令人不由自主地赞叹。而女孩的魅力则是内在气质的一种映射，这魅力或许是优雅的举止、得体的谈吐，又或许是艺术的熏陶、质朴的情感、纯洁的心灵……

对于父母来说，女儿如同掌上明珠，他们希望能够让女儿在家是清气含芳的公主，在外是端庄温婉的女神。而要实现这一点，作为孩子最先最好最直接的老师，父母应知身教胜于言传，平时注重严于律己，以身作则。母亲决定着女儿的生活，父亲决定着女儿的前程，父母的教育方式将影响并塑造女儿的人生。

青少年时期正是使女孩变优秀成熟的最佳时期。如果父母能够抓住这个时机，给予女孩正确积极的引导，让她能够认识并有选择地接受这个世界，调整自己以适应世界的生存法则，树立科学的世界观、人生观、价值观，必有助于使她成长为一个优秀的女性。

此外，爱美是女孩的天性，但相对于令人赏心悦目的外表美，女孩的内在美能够更加持久芬芳。因此，如果女孩徒有其表却没有独特的品性和一定的内涵，就宛如一个廉价的花瓶，价值寥寥；相反，对于相貌一般的女孩，如果赋予她超凡脱俗的气质，她也会魅力十足，广受欢迎。

总而言之，要想培养出优秀的女孩，需要各个方面的同步发展。

本书通过大量的经典事例和简明理论，为家有女儿的父母总结了培养优秀女孩的多种方法，包括如何培养女孩的脱俗气质、爱心美德、超凡个性、平和心态、良好习惯；如何挖掘女孩的学习潜力；如何提升女孩的社交能力；如何对女孩进行青春期教育；如何与女孩进行沟通；如何纠正女孩的不良习惯等。其中既分析了女孩普遍的成长烦恼，指出了部分家长不合理的教育方法，相应的也给父母们提出了较为科学合理的对策，以便帮助父母挖掘女孩独特的潜质，进而培养出美丽、温柔、聪明、自信的优秀女孩！

女孩们的健康成长就是我们最大的欣慰，衷心希望本书能够成为父母们培养优秀女孩的良师益友。鉴于编者水平有限，书中的不成熟之处恳请读者朋友给予批评指正，不胜感激。

培养最完美的女孩全集

目录

CONTENTS

第一章　培养女孩的脱俗气质

第二章　培养女孩的美好品德

第三章 培养女孩的超凡个性

第四章 培养女孩的平和心态

第五章　培养女孩的良好习惯

第六章　挖掘女孩的学习潜力

第七章 培养女孩的社交能力

第八章 帮助女孩安度青春期

第九章 把话说到女孩的心里去

第十章　纠正女孩的自身缺点

第一章　培养女孩的脱俗气质

气质是一个人内涵的外在体现，是内在品质自然而然的外露。气质对于成长中的女孩来说，就像芳香对于美丽的花儿一样，是一种由内而外散发出来的高贵，优雅、大方、自然的气质会给人一种舒适、亲切、随和的感觉，若想让女孩与众不同，就要培养其超凡脱俗的气质。

培养女孩正确的审美观

审美是指人通过对客观现象的观察、感受、联想思考等思维活动来认识美的形式。它是世界观的重要组成部分，是人们对美丑的基本观点，也就是对美的理解与评价，对人们的一切审美活动具有直接的价值导向作用。只有树立正确的审美观，从科学的角度出发，人才可能确立科学的审美标准，养成健康的审美情趣，自觉地按照美的规律去感受美、鉴赏美、创造美；否则，可能会美丑不分，或者品位低俗，甚至以丑为美。因此，培养女孩正确的审美观，提高女孩对自然美、艺术美、形体美的感受和欣赏水平，是审美素质教育的首要任务。

生活中，父母通常按照自己心目中最美的标准来打扮女孩，或是典雅大方，或是时尚俏丽，或是娇媚可爱，或是温文尔雅……但随着时间的推移，终有一天父母会发现她不再像个洋娃娃般任人摆弄，开始有她自己的选择、喜好等一系列的主意，开始变得挑剔。

面对这样的变化，很多父母一时难以接受，常常抱怨说："我觉得她穿绿色外套很好，她却非要穿红色的裙子，说什么也不听，非要跟我犟！"

"有次闺女用我的口红给自己画了个红彤彤的大嘴唇，把我吓了一大跳，她却还在那美滋滋地照镜子！"

"那么小的丫头，怎么就那么喜欢我的高跟鞋呢？鞋子又大又高，她穿上站都站不稳，也不怕摔着！"

正如这些父母所言，女孩在长大的过程中会渐渐对美产生一定的想法。有的女孩喜欢颜色鲜艳的衣服，有的女孩喜欢穿裙子，还有的女孩开始想化妆……这些正意味着她们有了对美的主动追求，开始了对美的探索，这个探索历程将贯穿她们的一生。

作为父母，这个时候不应该烦恼抱怨，而应该感到欣慰并给予适当的帮助。在女孩审美观形成初期，需要父母对她进行正确的指导和鼓励，如此女孩才有可能成长为一位审美能力极高的魅力女孩。反之，如果父母一味按照自己的想法进行各种粗暴的干涉，女孩的审美发展就会遭到破坏，或者曲向发展，造成无法挽回的后果。

曾经发生过这样一件令人痛心疾首的事：有个3岁的女孩，天生固执，非常喜欢裙子，甚至天寒地冻的冬天也非要穿裙子不可。父母劝阻无效，无奈之下爸爸就施以暴力打她屁股，妈妈也严厉地训斥她："这么大点儿就臭美，长大了还不变成个狐狸精！非要穿什么裙子，再嚷要穿就不要你了！"之后父母又对女儿做了细致的思想工作：女孩从小就注重外表，瞎臭美，长大后就会成为没用的花瓶，甚至是坏女人。父母内外兼施的双重教育，成功地让女孩摆脱了对裙子的执著，后来她再也不提裙子的事了，甚至到了夏天女孩们纷纷穿上五彩缤纷的美丽裙子，她还是拒绝再穿。

这位女孩的父母心情可以理解，事实上，他们是担心女孩冻病，才去阻止女孩穿裙子。但是他们太急躁了，结果提出了一个荒唐的理由：爱打扮的女孩一定会变坏。最亲近的父母分别施与的严厉体罚与思想教育，让这个错误的观念在女孩的头脑中变得根深蒂固——穿裙子爱美的小孩将来会变成坏女人。父母并不知道他们本意上爱的行为却扼杀了女儿爱美的天性，也许本来女孩长大后会从事审美相关的工作，成为时装设计师、模特、美容专家或者演员，但是这些可能因一次错误的教育而毁于一旦了。

因此，当你的小公主也表现出强烈的爱美倾向时，不要着急慌乱地一味批评，而要以客观的态度细心观察她的内在需求和个别特质，耐心地引导和帮助她。父母作为女儿最亲近的人，应该更理解、尊重女孩，用正确的爱来包容和指引女孩，才能让她成长为一个乐观开朗、积极向上、人格健全的阳光女孩。

培养女孩的审美能力，有助于她陶冶情操，美化心灵，丰富精神生活，启发自觉性，提高她对美的感受和鉴赏能力，使她的生活更加丰富多彩、人生达到更高的境界。女孩将通过不断完善的审美角度与视野，去发现自己，挖掘自己，超越自己，与此同时去发现生活，感受生活，创造生活。

审美素养包括认识美、感觉美、鉴赏美、评价美、表达美、享受美、创造美等意识和能力。这些都可以在孩子的日常生活中加以培养，只要用心去做就能有成效。一般可以通过以下四个阶段来进行：

1. 输入美的信息

父母可以先简单地灌输一些审美的细节、理论和自己审美、欣赏美的经验等，在此基础上引导孩子走出狭隘的视角去接触自然美、社会美、艺术美，初步培养认知美的能力，使她能对各种美的信息表示关注，慢慢意识到美的存在，拥有对美的感觉。

2. 进入审美状态

孩子在审美过程中欣赏一种原始的自然的美好，听一首美妙的乐曲，接触一个善意的行为。一方面感受世界美好的一面，在温馨的感觉中培养审美情趣；一方面和自己的想象、情感和理解十分和谐地融合，在审美享受的同时培养鉴赏美的能力。

3. 升华审美意识

经常以审美的角度去看、去听、去想，在长期的耳濡目染、潜移默化下，不断提高鉴赏美的能力，增加审美经验，然后从量变到质变向高层次升华，产生更高层次的审美要求以及追求更为丰富高雅的审美对象。

4. 完善审美心理结构

完善审美心理结构，即指审美素养的全面提高，表现为审美能力和创造美的能力全面增强两个方面。审美感受能力包括审美的感知、想象、情感、理解等多种心理因素。其中，审美鉴赏能力形成的前提，是树立高尚的审美理想，把握正确的审美标准，具有高度的审美修养。创造美的能力是指按照“美的规律”创造美的物质产品和精神产品的能力。

锻炼女孩的大方气质

女孩天生多羞涩，见了生人会脸红，低着头，说话声音细小或者根本不敢说话。容易害羞的女孩与人交往，特别是在与陌生人或异性接触时，常常不由自主地紧张，以至于表现拘束，甚至感觉很尴尬，这类情况会大大影响社交，不利于人际关系的完善。

羞怯心理较强的女孩，一般具有强烈的自我意识，或认为自己相貌平常，缺乏魅力而自惭形秽；或因勇气不足、性格软弱、胆小怕事而无从进取；或过分注意自己的言行和他人的指责，生怕出现什么失误而遭人非议……如此一来，自尊心长期不能得到满足，也就越来越失去社交的信心，导致恶性循环。此外，也有可能因未能正确认识并面对青春期的生理变化而感到窘迫，产生羞怯感。由此观之，害羞大多是一种异常心态，它妨碍人发挥自己的潜力，关上了向外界表达自己的大门，极易导致学习成绩平平，无法很好地完善自我。

害羞使女孩难以结交朋友，进而产生孤独感；害羞妨碍女孩在不同场合对事物坦率地发表个人意见，不能有效地与他人交流，导致她们在学习和工作中存在感弱，不受器重，即使努力做好各项事情，也由于沉默寡言而易被人忽视，得不到应有的待遇。长此以往，她们会感到更加自卑，无论在学习还是工作中都不会去考虑获得成功，而考虑更多的是不要失败，胆小怕事，更不会有所担当，因而常常失去进取的良机。

针对孩子腼腆、害羞的问题，外国儿童心理学家在多所小学调查的结果显示：平均每5个小学生中就有2个孩子腼腆。程度会因年龄不同而略有差别，其中60%以上为女孩。

相对于男孩来说，女孩更易害羞，这是个不争的事实，想必很多女孩的父母对此也深有体会，常有父母这样反映：

"女儿很腼腆，明明能歌善舞，但是如果让她在亲朋好友面前唱首歌、跳个舞、或者讲个小故事，她总是低下头，小脸红得跟苹果似的，紧张得半天都开不了口。"

"女儿从小就害羞，家里来了生人或者不常往来的远亲，她会很快躲到妈妈的背后，把脸藏起来，有时还藏到房间里，怎么叫都不出来。"

"女儿从一开始在幼儿园就不主动表现自己——上课回答问题不积极，课后也不主动找小朋友玩，问她为什么，她总是说不好意思，可她在家一直都是开心果，特别活泼。"

如上所说，父母经常会发现孩子在家中既活泼大方又能说会道，一旦碰到生人或到别人家里就胆怯怕生、局促不安。对此，父母也十分无奈："这孩子在家里挺能的，怎么出来就变样了？"

为什么会出现这种现象呢？心理研究表明，孩子在1～2岁时都要经历正常的害羞期。孩子在此期间表现害羞属于正常现象。按照正常的发育推算，等过了害羞期，甚至到了学龄期仍然过分害羞腼腆，就需要父母多加关注、多加引导了。因为这时孩子的腼腆和害羞，虽然和天生的生理因素有关，但最主要的还是父母的教育方式产生的影响。

一般情况下，当孩子表现出害羞腼腆的状态或行为时，父母最容易犯下面两个错误：

1. 不体贴反指责

飘飘一直都是个害羞的孩子，每次有人逗她，她不是支吾着说不出话来，就是哭着跑开，也正因为如此，常有人逗她开心。爸爸妈妈每次带飘飘出门后，回到家里都少不了批评她一顿："你这孩子怎么这么笨，真不争气，连句话都不会说，看隔壁的彤彤多乖，每次见面都主动打招呼。"后来，为了避免尴尬，爸爸妈妈越来越少带飘飘出门了。

孩子都有其天真活泼的一面，之所以会慢慢形成腼腆内向的性格，与父母在日常生活中不鼓励反指责的教育方式有莫大的关系。

腼腆的孩子一般都缺乏自信心和勇气，而父母一味的指责只会让孩子的自信心与勇气日渐减少，自尊心也备受摧残，试问，一个自信心严重受创的小女孩，记忆里全是别人的优点与自己的不足，又怎么可能变得开朗大方呢？

2. 给孩子"贴标签"

每次带乐乐出去，妈妈总会提前给她打"预防针"，要有礼貌，嘴巴甜一点，见到认识的爷爷奶奶、叔叔阿姨，要主动打招呼问好，别人问什么要好好回答……然而，每次乐乐都拿妈妈的话当耳边风，一点也不听，有时躲在妈妈身后不敢出来，有时干脆趴在妈妈身上给人家一个后背。每每这时，妈妈就不得不尴尬地以"这孩子害羞"为理由敷衍过去，觉得这样才能在熟人面前挽回点面子，但事后还是感觉很难为情。

很多父母都和乐乐妈妈一样，在孩子给自己"丢面子"时，赶紧装作若无其事的样子向对方解释："这孩子一直都是羞答答的"或"她是我们家脸皮最薄的"。

这些父母并不曾意识到，这样当着孩子的面说孩子害羞十分不妥，就好似给孩子贴上了一个"害羞"的标签，无形之中给孩子定了性，把她禁锢在一种心理压力中。当这种标签意识日渐深入孩子的内心，她会认为不管别人怎么样，她本来就是这个样子，以后还会利用这个标识来逃避不喜欢的人。就这样，在不知不觉中，害羞成为了小女孩一种刻意的本能意识指导的行为。

专家给您支招

腼腆、害羞是很多女孩都需要面对的一个问题，也令许多父母感到焦虑，其实，父母不必过于担忧，只要不对孩子的害羞行为犯下“贴标签”和“不体贴反指责”的错误，而是采取循循善诱的教育方式，引导孩子走出阴影，孩子长大后自然会成为一位落落大方不忸怩的优秀女性。

以下几种方法可供父母参考。

1. 做客是锻炼孩子“大方气质”的最好途径

要想让女孩告别害羞和腼腆，父母必须给予她更多与人接触的机会，增加其交际经验，对此，做客是最直接、最有效的方式。

（1）带孩子去做客

做客前，父母应先向孩子介绍一下造访的对象，让她在脑海中提前进行预设，有一定的心理准备；其次还要帮助孩子树立一定的信心，让她有勇气去面对。比如可以这样鼓励孩子：“李阿姨很喜欢你，上次见面后一直特别想再次见到你，她家那个小杰哥哥有很多既漂亮又好玩的玩具，一直都想跟你一起玩。”诸如此类的话，不但可以帮助孩子消除陌生感，减少扭捏心理，而且对树立信心有相当大的作用。

（2）把客人请进来

父母可经常请亲戚朋友到家中做客，一方面可以联络感情，一方面给女儿创造当小主人的机会。父母也不必急于求成，可按以下步骤循序渐进地教育孩子，逐渐帮她消除羞涩胆怯：

心里先要想着帮父母招待来客，客人来了之后及时问好，然后为客人送递茶水，接下来鼓励孩子与客人交谈或为客人表演节目，使她与客人有融洽的愉悦感。

父母应在孩子做好上述事情的前提下再提高要求，千万不能心急，更不要强迫孩子做她不能胜任的事，否则会适得其反。等孩子习惯了之前的做法并能得心应手时，可自然过渡到下一步。

此外，做客时父母应留意孩子做的好与不好的地方，在客人走后抓住时机对孩子不错的表现进行表扬，让她有点自豪感，至于不足之处可在下次招待客人时慢慢跟她说。

有一天，乐乐家来了客人，乐乐表现得十分积极。客人走了之后，爸爸对她说："乐乐，你今天表现真棒，客人很高兴，都夸你了，爸爸妈妈感觉真骄傲。"乐乐本来还在为自己的表现而惴惴不安，不知道自己到底做得怎么样，听了爸爸的表扬马上显露出兴高采烈的样子。

爸爸接着说："你不是有个一直很喜欢的娃娃吗，明天爸爸就给你买回来，作为你这次优异表现的奖励。"乐乐高兴得跳了起来，一下子抱住爸爸说："谢谢爸爸，谢谢好爸爸，其实……我下次还可以做得更好，我一定会好好做的。"

总而言之，父母千万不要吝啬自己的表扬，也不要担心孩子会自大，即使孩子的表现还没有达到要求，也要力求表扬到位。父母的表扬或礼物，不仅是对孩子一时的认可和鼓励，也会促使孩子朝着更好的方向发展。

2. 提高孩子的自我评价

腼腆的孩子往往自我感觉差，在社会活动中认为自己什么都比不上别人，一无是处，有种"被抛弃"感。对此，父母要帮助他们发现自己的长处并肯定自己。

欣欣的妈妈曾经很担忧——欣欣都已经10岁了，不仅不爱与同龄人交往，而且一个知心朋友也没有，有时感觉她很孤独。但细心的妈妈发现，欣欣也有她自己的特点，她虽然同龄朋友少，但她对年龄比她小的孩子很热情而且满怀爱心，在他们面前从容自若而且很开心。

于是，妈妈给欣欣找了一个表现她自己的机会——辅导邻居的一个小孩学习。欣欣的学习成绩一直很好，完全有能力胜任这个工作，而且恰好可以发挥她的特长。

没过多久，附近很多小孩都慕名而来，希望欣欣可以辅导他们的功课。

如此一来，“事业”的成功以及众多孩子的“崇敬”，大大增加了欣欣的自豪感和自信心，随着对自身认可度的不断增加，欣欣开始变得越来越开朗大方。

每个孩子身上都有闪光点，父母在培养孩子时应扬长避短，将其优点发扬光大。当孩子对自己充满信心时，就会自然而然地形成落落大方的个性。

培养女孩优雅的举止

生活中，女人都梦寐以求地想做一个举止优雅的人。优雅是一种不同于天生丽质的美丽，先天的美总会有一定的时效性，然而优雅的美是没有年龄限制的，主要在于后天一点一滴的培养。心灵纯净、身体健康、气质高雅、谈吐不俗等，这些都是女人优雅的表现。

优雅的素养带给女孩的好处多得难以形容，它不仅赋予了女孩柔性、大气、得体之美，更为女孩成长为人人仰慕的女神奠定强有力的基础。

进入成人世界的我们更是深知其理，岁月一次次验证了举止优雅将会为长大成人后的女孩带来怎样的无穷魅力。而现实中很多性格外向的女孩，她们的开放活泼却给父母带来了诸多关于“举止优雅”教育的挑战。

一位母亲一针见血地道出了自己的忧愁：人家小姑娘说话嗲嗲的，衣服穿得干干净净，看着就舒心，但我女儿就是个“皮大王”，说话都跟吵架似的大喊大叫，总是把玩具弄得脏兮兮的还身首异处，平时就喜欢和男孩在一起疯，玩起来连家门都不进。我该怎样才能培养出一个小淑女呢?

如果女孩处处像男孩一样调皮、好动、淘气，的确会让父母感到头疼。如果不管不顾地顺其自然，孩子势必会日益失去女孩的风范，大大咧咧的毫无优雅可言；如果严加管束，又极有可能会扼杀孩子的天性，不利于孩子的健康成长。

所以，父母应当认真思考，孩子的哪些方面可去可留，留其精华去其糟粕，通过潜移默化的方式慢慢约束孩子的不当言行，一点一滴地培养起女孩的淑女气质。

专家给您支招

每个女孩都像上帝的礼物一样各有不同的特性，有的好静有的好动，有时活泼有时内敛。要想将女孩培养成真正的小淑女，父母至少要准备两套方案以备不时之需。其中一套方案，主要用于那些精力过剩、个性外向的女孩，从大处着手帮助孩子慢慢走近优雅；另一套方案则适用于所有女孩，从小处着手注意生活中的每一个细节，全力培养孩子的淑女气质。

1. 母亲要做优雅的好榜样

母亲是孩子的第一位老师，也是对孩子最初的行为举止影响最大的老师，因而在培养女孩淑女气质的问题上，更需要母亲以身作则、言传身教。

一位妈妈曾经这样说：别以为小孩还小什么都不懂，人小鬼大，她可是什么事都看在眼里呢。有一次她冲我发脾气，大声吼，我就说她“小姑娘不可以这么大声说话”，结果就听到她小声嘟囔“妈妈和爸爸不开心的时候也是这么大声说话的”。童言无忌，听到女儿这么说，我心里五味杂陈，从那以后，我尽量克制自己的急性子，想要给她树立一个优雅妈妈的好榜样。

无数的事实证明，母亲的一言一行对女儿的影响是巨大的，女儿耳濡目染之间自然而然就学会了母亲的行为处世方式。如果母亲是个大嗓门，女儿讲话也不会细声细语；如果母亲说话做事无所顾忌，女儿自然也会大大咧咧、不拘小节……所以，要想培养出真正的小淑女，最好的方式就是母亲先做优雅女人。相信用不了多久，就能在女儿的眉宇之间看到优雅言行的影子。

2. 正确引导精力过剩的女孩

由于女性荷尔蒙的作用，大多女孩都会偏向文静，但随着时代的变迁、教养方式的变化，受独立主义与冒险精神引导，像男孩一样精力过剩的女孩变得越来越多。

小藜在班里有个外号——小喇叭，因为每次一下课，第一个冲出教室的一定是她，而且爬云梯、翻单杠，那些女孩子都不敢玩的器械，小藜样样精通。

但是有一天，原本活蹦乱跳的小藜突然变得稳重起来，做事慢条斯理，一改原来风风火火的做事风格，下课后，她会走在全班同学的后面；课间活动时，她只安静地坐在台阶上看别人玩耍。

老师以为出了什么事就关切地问她，只见她从口袋里掏出一枚生鸡蛋，说："妈妈告诉我不能弄破它，以后要学会做个淑女。"

让女儿每天揣个生鸡蛋，真的就能培养孩子的淑女气质吗？这种教育孩子的方法正确吗？

毫无疑问，父母的担心是可以理解的，但强制性地让一个性格外向、精力充沛的孩子变成一个安静的小淑女并非明智之举。这不仅不利于孩子的身心发展，也给孩子的心灵上了一道枷锁，遏制和破坏了孩子童年的快乐。而且，淑女的含义并不仅仅在于稳重，还包括知识、礼节、宽容、善良等一系列的优雅素养，一个鸡蛋根本解决不了这些问题。

实际上，对于精力旺盛的女孩，有更为科学合理的教育方式：

（1）教孩子做些安静的事来平衡精力

随着女孩年龄的增长，父母可以在孩子不烦躁时，逐步引导她做一些能够静心的事情，如弹琴、折纸、画画、照相、下棋、集邮等，这些活动有利于培养女孩安静专注的性格，还具有提高内在涵养的作用。

（2）将孩子的精力导向正确的方面

对于孩子旺盛的精力，父母可多提供些体育用品，如小自行车、小皮球、儿童剑、溜冰鞋等，让孩子满腔热情地投入到体育活动中，这样不仅让孩子从此多了一种有益的兴趣，还可达到以动制动的目的。此外，还可以带孩子去旅游，多感受感受自然宁静无边的美。

3. 告诉女孩举止优雅的标准

优雅举止有一定的标准，有小有大，有简单有复杂。在日常生活中，父母不妨参照以下标准，对孩子提出合理正确的要求。

（1）仪容仪表

人最直接的审美往往来自于眼睛初步看到的，所以，仪容仪表的整洁对女孩来说非常重要。父母可对女孩做出如下几点要求：早晚刷牙，饭后漱口，注意口腔卫生；把脸、脖子、手都洗得干干净净；勤剪指甲、勤洗头、勤洗澡；衣着不必很漂亮，但要干净、整洁、合体。

（2）行为举止

父母应对女孩的站、坐、行的姿态动作等提出一些明确的要求。例如，优美的站立姿势要求身体直立、挺胸收腹、脚尖稍向外呈V字形；坐要避免无精打采、驼背、塌腰，千万不能半躺半坐；走要行得正，不能耸肩、大甩臂等。

（3）表情神态

父母要教育女孩注意自己的神态和小动作，与人交往时要尊重他人，表现出对他人的理解和善意，面带微笑犹如清风拂面，千万不要有剔牙、掏耳、挖鼻、搔痒等不良举止。

（4）言谈措辞

父母要教女孩养成使用礼貌用语的好习惯，文明有礼，宽以待人，常用“您好”、“谢谢”、“请”、“对不起”、“没关系”等礼貌用语。

需要注意的是，父母教育孩子要举止优雅时不要用教训、命令的口吻，而要在日常生活中循循善诱、谆谆教导，以免引起孩子的反感。

4. 父母要多提示和表扬

生活中，女孩犯的一些错误行为往往是因为考虑不周全，年纪小意识不到太多，并非有意冒犯。因此，父母不要严厉斥责，实行专制主义。想让女孩举止优雅、少犯错误，最好的方式就是多多提示和表扬。

一位妈妈带女儿去一位好友家做客，事前，她提示并鼓励女儿说："我们见到阿姨的时候，如果你能主动问好，她就会很喜欢你，而且要是你在用餐的时候主动为她拉出椅子，我们都会为你感到骄傲的。"做客时，女儿果然很开心地照做了，回来后，妈妈又及时表扬女儿："我和阿姨今天都很高兴，阿姨一直夸你懂礼貌，临走还让我以后常带你去她家。"

孩子通常会牢记父母对她的提示和期望并努力实现，而父母适时的表扬，无疑是让孩子的好习惯得到延续的催化剂。父母经常这样做的话，用不了多久就会发现，孩子的好习惯已经养成，不再需要提示，只需适时表扬就可以了。

此外，孩子对于有些严肃性的规则会有一种天然的敬畏，父母还可利用这一点来制定一些家庭内部的基本原则，引导女孩做到举止文雅。比如，孩子吃饭时把胳膊放在桌子上不干净，可以这样说："我们家的规矩是，吃饭时胳膊不放在桌子上。"这样一来，你是在说一种制度，而不是在批评孩子，孩子比较容易接受，也容易形成长期的习惯，有助于女孩气质的培养。

挖掘女孩的知性美

知性美是一种聪明的美，智慧的美。知性、感性与理性各有不同，感性偏向热情浪漫，理性偏向冷静逻辑，而知性应该是介于两者中间，偏向智慧。知性美的前提是比较丰厚的知识底蕴对人的思想观念、性格爱好等方面产生深刻的影响，进而形成具有文化气息的可以理解形而上的气质和风格，并表现在言行举止、一语一笑中，使接触到的人都能感受到其透出的源源不断的魅力。

“知”就是有知识、有涵养，有了一定的文化底蕴，能够认知自己，了解他人，理解世界，不断提升自身价值，明白得失，在人生的道路上进退有度；而“性”则是指人的灵性、悟性、个性以及性感和性格。知性美是一种健康的美，能从思想和心理方面帮助女孩成长，让她们拥有独立、睿智、优雅的魅力，可以从容淡定，宠辱不惊。

徐静蕾是众所周知的一大才女，无论是演员还是编剧、导演，她都能够出色地胜任，颇受世人称赞。但是对公众的认可，徐静蕾谦虚地回应：“如果大家认为我的审美能力和分寸感掌握得还不错的话，那么，这在很大程度上得益于父亲小时候对我的教育和培养。”

徐静蕾的父亲徐子健在女儿的教育上确实花费了不少心血。他特意到图书馆查阅了很多早期教育的书籍，只为了能够使女儿得到最好的教育，成长为一个有修养、有内涵的女孩。

熟悉徐静蕾的人都知道她的毛笔字写得非常好，这正得益于徐子健的教导有方。徐静蕾两三岁时，徐子健就开始引导她练习识字、写字。和其他孩子刚开始习字一样，徐静蕾最早用铅笔写字，后来，经过一番细心的观察，徐子健发现她对毛笔情有独钟，于是就顺着她的兴趣，每天陪她练习写毛笔字。在父亲悉心的栽培下，徐静蕾勤奋刻苦地练习了几年，书法有了突飞猛进的进步，能够写得一手漂亮的毛笔字。

有一次，从事广告制作行业的徐子健要请某名家为商厦题字，但花费太大，他灵机一动，将徐静蕾写的字送了过去。客户方看后觉得很满意，并且夸奖道："此字刚劲有力，没有三四十年的功底是练不出来的！"当时的徐静蕾只有13岁，这让徐子健心中充满了自豪感。

徐静蕾曾自导过《我和爸爸》、《一个陌生女人的来信》，片头的字都是她亲自书写的，如果读者看过的话，就能够明白她父亲的自豪感了。此外，同样是受到父亲的极大鼓励，徐静蕾对绘画也特别感兴趣。徐子健认为，艺术能够提升人的素养、陶冶人的情操，所以，以前只要北京有美术展览，他就会骑着自行车带徐静蕾去看，父女常常一起徜徉于美术的国度中。

徐静蕾既有雅静的品性，同时也有着强烈的好奇心和求知欲。无论遇到什么事情和困难，她总是主动出击，一些独闯的经历使她从小就不怕生，即使在严谨正规的场合也能谈吐自如。后来，在没有经过专门训练和指导的前提下，徐静蕾顺利考取了北京电影学院，并在影视界有了长足的发展，取得了不凡的成就。

忆往昔看今朝，徐静蕾今天的一切无不得益于父亲对她的知性美的培养与教育。

每个女孩都是一朵含苞待放的花，也许是玫瑰花，也许是牡丹芍药，但有一点毋庸置疑，每个女孩都是一个独特的个体，都是可以经过悉心养育后在未来充满天赋、才能和智谋的独特希望。因此，父母在教育女孩时要做到：

1. 善于挖掘女孩的潜力

孩子都有着强大的潜在的能力，但因尚不成熟，没有方向没有主见，往往难以疏导，结果是问题控制了她，而她不能控制问题，结果不断地招来麻烦。很多时候，父母也看不透，反而把这些潜在的天赋当成教育的苦恼，不能正确引导孩子，发挥其内在的聪明才智。

医学证明，女孩的某些缺陷也可能是一种潜在的天赋。比如，喜欢组织一群朋友活动，并且表现出专横的女孩可能成为公司的行政人员，她会通过把任务和权力委托给她的员工来建立威信；一个对什么事情都发牢骚、抱怨的女孩，可能将来会成为眼科大夫，因为她具有敏感和精细的品质；在每一件小事上都喜欢与人争论的女孩，可能会成为律师，打抱不平，替不懂得为自己争辩的人辩护。

也就是说，任何女孩都有潜在的知性美，都有着天生的固有内涵，父母要善于挖掘、顺应孩子的天赋，而不是强迫她按照自己规定的方向去发展。孩子的天赋若能得以发展，必将使父母和孩子都受益无穷。

2. 教育要顺其自然，因势利导

“顺其自然、因势利导”的教育方式早已经得到了众多家长的认可，为了让女孩更有质感，父母首先要发现其独特天赋，提供自由的成长空间和充足的温暖阳光，在需要时加以必要的修剪。

通常不到二十五六岁，女孩是不会认识到自己的独特天赋并发现自己的真正目标的。在此之前，遏制她的愿望，压抑她的天赋，或是不让她表达心声，很可能会使她一生都找不到生活的目标。如果父母过于专制，而且目的和女孩显现的天赋相冲突时，就会阻碍她成长为一个身心健康的人，一个不仅具有女性本质，也有内在才能的人。只有顺其自然，她的天赋才能表现出来，通过外在的行为来证明她的存在价值。如此，“知性”才不会虚浮，不会枉度此生。

培养女孩感悟美的能力

学习绘画并不仅仅是让孩子学会画，更重要的是在此过程中培养孩子的观察力、记忆力、表现力、想象力和创造力。同时，绘画还能让孩子敞开心灵，亲近外界的人事与自然，表达出自己对周围事物的认知，使得审美情趣和修养得到提升，尤其在培养其诸如耐力的良好心理素质方面更是功不可没。

很多培养孩子绘画能力的父母，对此深表赞同：

“女儿学习绘画的同时，也渐渐养成了细致观察的好习惯，不断地观察并应和外界的信息。春暖花开、燕子飞来，她都会第一个发现，然后兴致勃勃地与我们分享。”

“女儿不到4岁开始学习画画，现在年纪虽小却有很好的审美能力，人小鬼大的，不仅会自己搭配服装，还经常指导我：‘妈妈，你应该穿短裙，长裙显不出你的美。’”

不难看出，绘画可以在很大程度上提高女孩的观察和审美能力。为了画出属于自己的美丽图景，她们学会了观察美、体悟美、展现美。

我们甚至可以这样概括绘画的作用：绘画，赋予了女孩感悟美的能力！

孩子的绘画兴趣，一部分缘于天性，同时与父母的正确培养也有很大关系。下面仅针对如何激发孩子的绘画兴趣，在此提出若干建议与办法，希望能供父母们参考借鉴。

1. 引导孩子多观察、多感悟

身边的事物本来就是五彩缤纷的，应该让孩子学会观察和感悟大千世界的美好，这样才能让孩子真正地爱上绘画，有效地提高孩子的绘画技术。

父母多带孩子亲近自然，有助于孩子学会观察、感悟。无论是名胜古迹、园林美景、巍巍高山，还是潺潺溪流、烂漫山花、叽喳小鸟，都是教孩子学习绘画的最佳教材。

一位父亲为了让学习绘画的女儿更热爱绘画、精进画技，经常带她去动物园采风。

有时，父亲会和她一起躺在柔软的草地上，闭上眼睛静静倾听大自然的声音，感悟大自然的美，微风拂过脸庞，青草的芬芳四处弥漫，物我两忘。

有时为了提高效率，父亲会给女儿安排一些明确的观察任务。例如，带女儿观察老虎时，让她注意观察老虎皮毛的颜色、条纹，眼睛的形状，尾巴的长度与弯曲以及发怒时能露出几颗牙齿等细节，都要仔细看清并记录在案。

这位父亲的做法很值得我们借鉴，是教会孩子提高绘画能力的最有效途径。而带孩子接触大自然、更深切地感悟大自然的美，能够激发孩子更高的创作热情。

2. 对孩子的“杰作”多给予鼓励

一般来说，三四岁的时候，孩子大都喜欢到处乱涂乱画，而且女孩的涂鸦意愿往往会比男孩表现得更强烈一些，据研究显示，这也正是孩子学习绘画的最佳启蒙阶段。

而父母在孩子绘画的启蒙阶段采取的态度与方法，将直接关系到孩子是否能对绘画产生浓厚的兴趣，以及兴趣的强度如何。

有一次，魏梦瑶的妈妈来接女儿时老师正在教孩子们画水彩画，魏梦瑶兴高采烈地把自己刚画好的画给妈妈看，妈妈拿着画掉过来转过去地研究了许久，还是没看出画了什么，于是小声问她：“这是什么呀？”“猫咪啊。”魏梦瑶话音还未落地，妈妈就连忙夸奖：“是猫，是猫，画得真像！我们家瑶瑶好棒，猫画得真好！”说着眉开眼笑地带她回家了。

不久，魏梦瑶的这幅画获得了某比赛的一等奖，评委们说画的线条大胆、很有创意。

对于孩子的小杰作，父母如果都能像魏梦瑶的妈妈那样，给予理解并表现出由衷的赞赏，将使孩子大受鼓励，增加信心，促进她的能力更上一层楼。

提高女孩的时尚品位

时尚体现了现今世界走在前沿之人的先进理念，是他们对文化元素最新鲜的阐释。了解时尚信息，事实上是在了解时代发展中的新事物、新风格。时尚有好有坏，只要多多接触，就能增长见识，提高品位，知道如何取其精华去其糟粕。父母要教育孩子千万不要把自己局限在固有的模式中，躲进小楼成一统，两耳不闻天下事。

不过，品位的养成并非一朝一夕之事，需要父母长期的有意的培养。

有些父母可能会觉得时尚与金钱紧密相联，要有品位就必须投入大量的金钱，而事实并非如此。的确，有钱人更容易接近高标准的物质和精神生活，得以提高品位，但是，品位和金钱没有绝对的对等关系。品位不是由财富决定的，而取决于个人对时尚的理解与感悟。就像人的穿着，无论多么雍容华贵都比不过恰当得体的搭配。有的人虽然全身名牌，珠光宝气，但却遮掩不了庸俗不堪的气息；有的人只是简单的牛仔加T恤，却能穿出卓尔不凡的气质。

有些女孩因为喜欢名牌，常买些价格便宜、做工粗糙的伪名牌，结果不仅没有沾到“名牌”的光，反而弄巧成拙，降低了自己的品位。这种女孩要么内心太虚荣，要么不成熟而误解了“品位”的意义。金钱与品牌不是精致和优雅的生活的象征，品位属于内涵，来源于一个人日积月累地对时尚的理解，只有理解到位，才能阐释发挥得当。

专家给您支招

父母可以从以下几个方法入手，让孩子多了解时尚信息，从而提高品位。

1. 告诉孩子，女性需要有品位的生活

父母应让孩子知道，女性是美丽的象征，而打扮是女人将自己作为艺术品而进行的最基本的创作，这些打扮体现了其品位和修养。关注时尚，提高女孩服饰艺术的审美和驾驭能力，不仅能让她穿出品位，在某些场合也是一种对别人的尊重。

2. 不能为了将来而过廉价的生活

勤俭节约是中华民族的传统美德，也能让将来生活更有保障，但是，如果为了节省而使现在的生活过得潦草而廉价，不该花费的不花费，该花费的也不花费，这种过分的节俭就成了对生活没有信心的表现。中庸为美，而极端往往出自不健康的心理，父母尤其要注意防止女孩误入节省的极端，否则会给人留下吝啬、迂腐、不可救药的印象，自然没有品位可言。

父母要知道你不是在为时尚潮流培育一个盲从者，也不是在为未来的某个男人培养家庭主妇。为了让女孩拥有高尚的品位，父母一定要注意从小培养，如指导她看些时尚杂志、观看国际时尚节目等。

女孩在时尚信息中学会认识当今时代之美，拥有生活艺术方面的智慧，才能传达给周围的人一种积极向上的力量，带给人美的享受。而实际上，最大的受益者正是她自己。

提升女孩的书香之气

诗书是知识最重要的载体，无可替代，很多名人志士都热情地赞美过书籍，古人言“腹有诗书气自华”，莎士比亚说“生活里没有书籍，就好像没有阳光；智慧里没有书籍，就好像鸟儿没有翅膀”，而高尔基也说过“书是人类进步的阶梯”，可见书籍对于人是多么弥足珍贵。

21世纪是知识经济时代，社会环境和背景与以前相比发生了翻天覆地的变化，创造力如同黑马般让人们日益青睐，然而书籍的重要地位仍然不可动摇，因为书籍是知识的最基本的载体与源泉，很多知识以及创造力都是从阅读中得来的。

由此可见，博览群书，有个广泛的知识面对于培养女孩的气质可谓至关重要。

无数事实也证明，从小喜爱阅读的女孩在人生观、世界观、感知力、思考表达能力等方面，都会显示出明显的优势。

在博览群书的过程中，女孩不仅可以积累更为丰富的知识，还可以在不同的书籍中跟随作家的笔触体验更为丰富的情感，读书就是一场间接的与大家的交流。日积月累而来的各种素养，无疑能为女孩增加知识的魅力，使她成长为一个有内涵、有书香之气的优秀女性。所以，父母应从小引导女孩爱上阅读。

圆圆和满满姐妹俩都正在读小学，无论和谁聊天，她们都会有惊人的丰富话题。

“现在物价上涨得厉害，国家应该采取措施了。”

“余秋雨的文笔就是好，不愧为‘大家’！”

“杨澜阿姨是我的偶像，她不仅口才好，很敬业，也特别善良。”

当别人问姐妹俩的父亲是如何让女儿如此博学时，他就会笑不拢嘴地说：“你去我们家看一看就知道了。”原来，他的家俨然是个小书店，所有称得上是房间的地方，都堆满了杂志和各种类型的书籍，藏书特别丰富。父亲不仅让孩子接触大量书籍，还把家里布置得处处透出书香之气，让孩子随手可以拿到书，为孩子营造了一个良好的读书环境。

可以想象，从小成长在这样的家庭环境中，有个好父亲又腹有诗书气，孩子怎会不成长为一位知识丰厚、内涵丰富的知性女子？

一位母亲还曾这样描述阅读对女儿的巨大影响：

“女儿不仅懂事、乖巧，而且思维活跃、兴趣广泛，有人问我：‘你用了什么招把孩子教育得这么出色？真让人羡慕。’其实也没什么特别的，就是让她多读书、看报、写文章，不断地鼓励她，有时也和她一起读书。俗话说‘书中自有黄金屋’嘛，见识多了，整体素质自然也就提高了。”

在培养孩子阅读兴趣的同时，父母们还会发现一个小秘密——如果孩子能爱上阅读，书籍会替你在各方面教育她，如此一来你对她的教育就会省力很多。到那时，也许不再用你操心，她就已经从书中读懂了什么是真正的优秀女性，举止优雅对她一生有什么样的影响，自己的身上背负着什么样的责任，等等，其益处可能会远远超出预期。

良好的阅读习惯不仅对孩子的学习成绩有着直接的影响，而且对孩子的一生有着更为举足轻重的作用。

无论是我们身边相对成功的人士还是古今中外的名人，大多对读书“情有独钟”，有着良好的阅读习惯，是书籍助他们取得了不同的辉煌，因此，要想让自己的女儿更加优秀、卓越，就从培养她热爱阅读的习惯开始吧！

1. 父母要做热爱读书的表率

女孩通常喜欢模仿，尤其喜欢模仿较为亲近的人。作为和女孩朝夕相处的人，如果父母很喜欢阅读，孩子势必会对书本产生兴趣，也想一窥其妙；如果父母十分享受读书，相应的孩子也一定会认为读书是件快乐的事。

一位聪明的妈妈是这样引导女儿从小热爱读书的——

我自己比较喜欢读书，每逢女儿遇到困难又不知道怎样解决时，我就会带她翻书，在书里找答案，慢慢地，女儿便有了很强烈的读书欲望。

有时候，我还与女儿共读一本书，并经常用交流的方式引导孩子积极地思考。比如在阅读中，可以问她："现在到底发生了什么？跟你先前预想的一样吗？最后会是什么结果？"

读完一本图书，我也经常让她给我说说书里讲了什么，或者问她："你喜欢这本书吗？喜欢什么地方？它有没有让你想到别的一本书？"

每当家里来了小客人，我就鼓励女儿："你刚从书上看到的那个故事特别有意思，大家肯定会喜欢的，讲给小朋友听听吧。"每次女儿绘声绘色地给别的小朋友讲完故事，看到大家开心的样子，她都特有成就感，也越发地喜爱阅读了。

这位妈妈的做法很值得父母们借鉴，她不仅陪着孩子读书，让孩子在阅读中学会思考，更用鼓励的方式引导孩子发自内心地、自主自动地爱上阅读。

此外，为了提高孩子的阅读兴趣，父母可以在家里建立一个属于孩子的"小图书馆"——为她提供一个单独的书架；父母可以挤出时间，经常带她出入书店、图书馆，见识浩如烟海的书籍，以激发孩子对书籍更大的兴趣。

2. 利用讲故事的方式引导孩子爱上阅读

孩子都喜欢听故事，特别是童话故事或想象故事，因此父母可以先从故事入手，慢慢培养孩子的阅读兴趣。孩子都有着丰富的想象力，对她们来说无论故事多长，永远没有完结，希望父母永远讲下去。她们会经常提问："后来怎样了？"

针对孩子的这种心理，父母可以借故先将故事讲一半，在孩子急欲知道故事结局时，把书给她自己看，这样就开始了最初的阅读。

培养女孩的温柔特质

女人天生就有温柔的秉性，但是这也需要后天加以培养，才能更加温婉可人。

柯达全球副总裁叶莺是一位美丽、性感、智慧的女性，她能成为世界500强中的首位华人女总裁，取得今日的成功，除了她自身的聪明能干之外，还因为她还聪明地掌握了女性特有的温柔。

在接受采访，谈到自己如何屡次获得事业上的成功时，叶莺说："我的交际之所以成功，首先是女人的柔情，没有人用'柔情似水'这四个字来形容男人。女人是水做的，再硬的钻头也钻不出河床里的鹅卵石，但是水可以做到，所以柔情似水不是指徐志摩诗歌中写的那种温柔地一低头，像水莲花无限的娇羞，而是有一种滴水穿石的力量。我每次做事前，不会只考虑自己的利益而把别人当傻瓜，我常将自己放在别人的位置想问题。由于环境、文化、价值观、地域的不同，可能我做不到100%，但至少能做到50%。这总比做10%好，更比0%好。"

从叶莺身上，我们可以看到女性温柔的强大力量，以柔克刚，它不仅让女性更加美丽动人，也能成为一件强大的武器来助女性一臂之力。

无论在什么情况下，女人的温柔都显得极具人情味，就像佛家的慈悲为怀，能够化解别人的种种无奈和痛苦，使对方充满喧嚣的心灵变得宁静，继而重整旗鼓获得自信，同时也得到对方的好感与信任。

温柔善良不是懦弱无能，父母在培养女孩温柔的同时，应告诉女孩决不

能软弱，而要自尊自爱自强，具体可以从以下几个方面去做：

1. 告诉孩子要通情达理

父母要教会孩子懂得谦让，对别人体贴，凡事先替别人着想，学会将心比心，换位思考。

2. 让孩子学会把握自己

父母一手遮天的包办代替是孩子形成软弱性格的主要原因，一些父母过度溺爱孩子，整天捧在手心里，剥夺了孩子自我锻炼的机会，久而久之会使孩子形成懒惰软弱的性格。授人以鱼不如授人以渔，父母应该让孩子做自己力所能及的事，学会独立自主，把握自己。

3. 让孩子正确认识自己

父母要让孩子懂得人皆有长短，要正确认识自己，学会扬长避短，不能因为自己某些方面不如人就产生自卑感，并因此自暴自弃。比如，幼儿园老师找小朋友表演节目没有挑选她，可以告诉她这不能说明她是个笨孩子，回到家里可以表演给父母看，而且爸爸妈妈很喜欢听她唱歌。需要注意的是，父母要对孩子少些偏袒、溺爱，多些客观的评价，使孩子建立真正意义上的自尊自信，而不是不知天高地厚的唯我独尊。

4. 尊重孩子，不当众揭孩子的短

孩子在某些场合可能会比较内向，感情比较脆弱，毕竟她们还没有形成全面的人格，因此，父母尤其要注意保护孩子的自尊心，若当众揭孩子的短，会对孩子的心灵造成无法弥补的损伤，无形之中的不良刺激也会造成孩子的软弱心理。

温柔是一种美德，软弱则是一种缺点，父母应努力让孩子变得温柔但不软弱，刚柔并济才是最美的。

第二章 培养女孩的美好品德

女孩犹如春天里散发着清香的花朵，天赋的温柔和善感丰富了女孩的内心世界，使其更具有柔性的魅力、温润的气质。作为父母，要维护女孩纯洁的爱心、善心、良心，让这些美德永远伴随她的心灵，成为她永远纯正的坐标。

培养女孩的善良之心

上善若水，大爱无疆。善良是最为宝贵的美德之一，对于女孩来说尤为重要，失去了善良，她的内心就犹如黑夜，遭人憎恨和厌恶；一心向善，她就会如同宝石一般温暖明亮而又美丽动人。善良的女孩是最富有的，她会慷慨地用自己的爱心去帮助别人，播撒阳光温暖人间，这样的女孩更温和有礼、更有吸引力。

因此，父母一定要从小就在孩子的心灵中撒下善良的种子，并培养出美丽的善意之花，让她拥有仁慈的品质，体恤他人消弭苦难，长大后成为富有道德情感的正直之人。

2007年2月16日，德克萨斯州的一所庄园里，为了发展慈善事业，刚刚卸任的联合国秘书长安南正在举行一场慈善晚宴，众多富商和社会名流应邀而来。在这种场合下，当一个叫露西的小女孩捧着她的全部积蓄来到庄园想要参加晚宴时，遭到了保安的阻止。

“叔叔，慈善的不仅是钱，还是心，对吗？”小露西问道。保安一时哑口无言。“我知道受邀的人都很富有，他们会拿出很多钱来做好事。我虽然没有那么多，但也想把爱心传递出去，这是我所有的钱，如果我不能进去，请帮我把这个带进去吧。”小女孩把手中存有所有积蓄的瓷罐递给保安。

保安犹豫了，他的良心与职责在作斗争，但小女孩的话打动了前来参加晚宴的巴菲特先生，他带小露西进了庄园。出人意料但又在情理之中的是，当天慈善晚宴的主角不是倡议者安南，也不是捐出300万美元的巴菲特，而是仅仅捐出了30美元25美分的小露西，她的意义不在于钱，而在于她捐出的是自己的善良与爱心，也正因此，她赢得了人们热烈的掌声和真心的赞美，而晚宴的主题标语也变成了这样一句话："慈善的不是钱，是心。"

小露西的内心多么美好，善良而又纯真！30美元25美分相对于300万美元来说不值一提，但爱心是不能用钱来衡量的，这是一位善良小女孩的全部。她奉献出了自己所有的爱心，毫无保留，这是一种倾其所有的上善。

正是这颗善良的心使小露西勇敢地要求参加晚宴，并在保安面前不卑不亢，因为她知道自己是来献爱心的，爱心不分贫富，不能以金钱的多少来衡量。

一位儿童教育家说："只知索取，不知付出；只知爱己，不知爱人，是当前独生子女的通病。"父母要特别注意不能让孩子也染上这种通病。爱的教育是如此重要，著名教育家苏霍姆林斯基也说："爱的教育应是整个教育的主旋律。"

中国思想家、教育家孔子的教育思想体系中，"仁义礼智信"中"仁"居首位。事实上，"修身"、"仁厚"、"和为贵"、"温良恭俭让"、"贫而乐，富而好礼"、"己所不欲，勿施于人"、"躬自厚而薄责于人"等，始终穿贯在圣人的这个体系中，足见善良对于孩子的重要性。

善良的女孩就像美丽的天使，又如同熠熠生辉的宝石，不但照亮了自己，更照亮了别人的心灵。

专家给您支招

为了使孩子善心不灭，父母必须讲究方法，具体说来，可以从以下三方面入手：

1. 让孩子认识善良

父母不要一味通过说教的方式来进行教育，那样不仅事与愿违，而且让孩子感到厌烦。父母可以在实际的场合中见机行事，简单、随意地向孩子解释，让她知道哪些行为充满善意，以及善良的人所受到的欢迎。

如果孩子偶有小私心也没有关系，不必责怪她。这并不说明她本性不善，只是因为她还没有学会分辨善恶。父母千万不要责怪孩子，更不能把她的行为定性为“恶”，而是要帮助她认识到这样做不好，并表示你对此的遗憾，相信她下次会做得好一些。

2. 赏识孩子善意的举动

从教育学的角度来说，如果孩子做的事得到了肯定和表扬，她便会继续这么做。通常女孩很小的时候，她的善心就已经逐渐显露。父母要赏识她的善良，让她知道这样做很好，让她知道父母希望她这样做，希望从她的举动中看到善意和柔情的美丽。

3. 为孩子创设亲切、友爱的成长环境

在爱的环境中长大的孩子，不难拥有善心、爱心。家和万事兴，父母应以友好和爱的方式来教育、帮助孩子，努力使家里充满善意、和谐的气氛，让孩子快乐、健康地成长，长期的耳濡目染，会让孩子非常认可自己的善良本性，也愿意把这个本性坚持下去。

重视女孩的诚信教育

春秋末期，子贡问老师孔子：“什么样的人才可以被称为‘士’？”孔子回答说：“能用廉耻之心来约束自己，奉命出使各处又能圆满完成君主交给的任务可称为最好的士。”子贡又问：“那么次一等的士呢？”孔子回答：“被人称为孝顺的人就是。”子贡再问：“再次一等的呢？”孔子回答：“他们是那些讲话算数、行动果断的人。”

“言必信，行必果”，自古以来就是中国最重要的道德标准之一。具体来说，诚信的美德包括两方面：一是诚实，二是守信。诚实就是有一说一，不

说谎话；守信就是遵守承诺。这两方面的美德，对于女孩的一生影响巨大。

星期天，小田的爸爸想带她去公园玩，可小田却拒绝了。

“你不是早就想让我带你去公园玩吗？”爸爸感到很奇怪，“好不容易我今天有时间，你怎么又不去了？”

尽管爸爸都有点恼怒了，小田还是坚定地摇了摇头。原来，她昨天邀请了幼儿园同班的一个小朋友来家里一起玩游戏。

“我约了朋友，”小田说，“我不能说话不算数。”

听了小田的解释，爸爸冲小田竖起了大拇指。

小田虽然很想和爸爸一起去公园玩，但她依然信守着自己对朋友的承诺，这就是一种诚信的美德。信守诺言，不仅让守诺的小田快乐、有尊严，相信也让她的朋友对她有了敬佩和信赖感。

很显然，诚信这种美德，带给女孩的益处是很多的——

气质方面：诚信是一种美德，它会帮助孩子保有一颗高尚的心。

交际方面：只有做到诚实守信，孩子才能赢得他人的信任、支持与帮助，收获一个好人缘。

专家给您支招

诚信是一种具有普遍意义的美德，世界各国均重视国民的诚信教育。美国从幼儿园起就重视对孩子的诚信教育，在儿童的基础教材中就突出了“诚信”的内容。

与此不谋而合，美国哈佛大学的校徽上只刻了两个字——“诚实”。美国教育家认为，诚实是一个人的为人之本，就如同一幢大厦的地基。因此，父母一定要从小就注重培养孩子的诚信美德。

1. 注意生活细节对孩子的影响

中国有句俗语叫做“龙生龙，凤生凤”，恰恰说明了父母对孩子言传身教的巨大作用。

一天，小甜的妈妈正在做面膜，外面传来门铃声。妈妈让小甜去开门，并教给她说："就说妈妈不在家。"小甜这样做了。事后，她迷惘地问妈妈："你明明在家，为什么说不在呢？"妈妈笑了笑说："你没看见妈妈忙着吗，我不希望别人打扰我！"

一次，两次，后来多次遇到这种情况，小甜便认为妈妈撒谎是一种应付的技巧，其实撒谎也不是什么大错误……

生活中，父母不经意间的一个举动，就有可能给孩子埋下"不诚信"的种子。对于善于观察、善于模仿的女孩来说，父母的良好表率作用是十分重要的。

2. 满足孩子的合理需要

孩子不诚信的行为大多是出于某种需要。如果孩子合理的精神、物质需要没有得到满足，她必然会寻求满足的办法，以某种不诚信的行为来达到目的。因此父母应正确地分析孩子的需要，如果合理，那就尽量满足她；如果不合理，不要批评指责，而要循循善诱，摆事实讲道理，来解决问题。

培养女孩强烈的责任感

责任心是孩子健全人格的基础，是能力发展的催化剂。责任心，是一个人日后立足于社会、获得事业成功与家庭幸福至关重要的人格品质。因此，父母要重视培养女孩的责任心，让她承担起社会所赋予自己的责任。

生活中有很多原因会导致孩子缺乏责任感，以下是常见的几种：

1. 过于保护孩子

很多父母经常对孩子这样讲："现在生活好了，我们不需要你为家操一点心，只要你做个好学生，将来有所作为，我们再苦再累也心甘情愿。"特别是对女孩，父母本着女孩就要富着养的心态，更不愿意让她有一丝一毫的烦恼，这实际上是在剥夺孩子的责任心。

作为家庭中的一分子，孩子既应享受权利，也应承担一定的家庭责任，包括建立家庭中的岗位，承担一定的家务劳动。父母可通过鼓励、期望、奖惩等方式，督促孩子履行职责，培养责任心。如果孩子在家庭层次的责任心难以确立，将来走上社会也难以向社会层次的责任过渡，而她在自己建立家庭后也难以负起责任。

2. 破坏性的批评

有时孩子一件事没做好，父母就会对她进行破坏性的批评。因为做错一件事，导致对人的否定，会使孩子觉得很痛苦，以致孩子不愿再做事情而缺失责任感。

美国著名儿童心理学家曾对父母的批评是否对孩子成长有所影响进行了研

究。他举出了一些使孩子产生痛苦和破坏性的话语，例如："叫你不要做，你还要做，真是不可救药！"这样不但不能把孩子教好，反而会把事情弄僵，更会把孩子的不良行为放大，让她不愿意对自己负责任，更不愿意对别人负责任。

3. 对孩子不信任

有的父母总认为孩子还小，没有能力做事情，更没有能力承担责任。他们对孩子的不信任将直接打击孩子的自信心，使她不敢做任何事情，更怕做错事情。

4. 随意哄孩子

孩子被一把椅子绊倒了，虽然不怎么疼，但是她还是委屈得哭了起来。听到孩子的哭声，妈妈迅速赶了过来，"宝宝不要哭，看妈妈打这个不乖的坏椅子，害得宝宝摔倒。"年轻的妈妈一边抱起孩子心疼地哄着，一边拍椅子以示责打，原本正在哭闹的孩子也被逗得破涕为笑。

孩子已经开始学习认识世界，如果以这样的方式来教导孩子应对挫折，就会让孩子产生一种"归因心理"：无论发生什么事情，都不是我的错，而是其他人、其他事物的过错。长此以往，孩子会形成习惯性思维，成长后易形成怨天尤人、推卸责任等品性。

孩子责任心的培养应遵循这样一个规律：从自己到他人，从家庭到学校，从小事到大事，从具体到抽象。父母的教养态度和行为对孩子责任心的形成具有重要作用。

1. 让孩子拥有一颗爱心

要求孩子主动关心老人、病人和比自己小的孩子。父母生病的时候，让孩子学会照顾父母。让孩子记住父母的生日，鼓励孩子给父母送上一份生日礼物。

同时，父母还要做孩子的好榜样。为了教育孩子，父母应特别注意自己的行为，不能把错误的、不良的习惯在不知不觉中传染给孩子。

为了让孩子能在将来迅速融入社会，更受人欢迎，父母一定要从自身做起，让孩子学会为自己负责，为别人负责。

2. 善于抓住生活中的点滴小事

著名教育家茨格拉夫人说："必须教育孩子懂得他们不同的一举一动能产生不同的后果，那么随着时间的推移，孩子们一定会变得很有责任感。"

因此，无论事情的结果如何，只要是孩子的独立行为结果，就要鼓励孩子敢做敢当，不要逃避责任。父母不应替她承担一切，以免淡漠了孩子的责任感。

3. 让孩子学会为自己的错误负责

"负起责任"的另一方面，就是当孩子犯错误时，要勇于承认。父母要告诉孩子，只要犯错的人知道怎样改过，他也就不会害怕面对新事物，不会害怕与陌生人见面。

例如，孩子跟着父母去朋友家做客，不小心损坏了物品。这时应该让孩子知道，是由于她的过错才造成了这种后果，应当给予赔偿。事后一定要带孩子一起买东西去朋友家道歉。

培养女孩谦虚的美德

不学无术、一知半解的人，常常骄傲自大，自以为是，好为人师；而有真才实学的人却往往虚怀若谷，谦虚谨慎。

中国自古就有“谦虚使人进步，骄傲使人落后”的名言警句，也就是说，谦虚这种美德可以促使人不断进步，而骄傲的情绪则会将人一点点拉向失败的深渊。

古人的这个警训，对于生活在独生子女时代的孩子来说尤为重要。因此，父母在积极对孩子的行为进行鼓励的同时，也不要忘记及时消除孩子的骄傲心理。因为只有当孩子拥有了谦虚的美德，她才能友好地和他人相处，受到大家的欢迎；才能明晓自己的长处和短处，更加积极进取；才能拥有博大的胸怀，更宽容、更理智、更进步。

自信不同于骄傲，自信是一种积极的人生态度，能使人乐观上进；而骄傲是对自己的不全面认识，是盲目乐观，常让人不思进取。

因此，当孩子露出骄傲的“苗头”时，父母一定要加以注意，想尽办法让孩子认识到骄傲的害处，让孩子养成谦虚的美德。

1. 父母要给孩子做谦虚的好榜样

榜样的力量是无穷的。父母是孩子的第一任教师，是孩子效仿的最直接榜样。因此，要想让孩子成为谦虚的人，父母就要首先给她做出好的表率。

2. 正确地表扬孩子

众所周知，经常表扬孩子好的行为，有利于她的健康成长。需要注意的是，表扬也是一门艺术，正确的表扬可以起到积极正面的作用，而错误的表扬则会让孩子滋长骄傲情绪。

例如，当女儿成功完成任务后，有的家长会表扬孩子说："你真棒，你太聪明了。"有的家长则会表扬说："你真的很努力，如果继续努力一定会更好。"虽然只是表扬的话语不同，但效果却会大不相同。

晓云很喜欢画画，哪怕有一点点进步，父母都把"聪明、智商高"等表扬的话挂在嘴边。有一次在美术课上，晓云的画没有得到老师的表扬，她气得把刚画好的画撕得粉碎。

而雨阳的爸爸表扬女儿的方式很特别，他最常用的表扬语言就是"你很努力，你很用心"。并且，他从不允许亲戚朋友过分夸奖雨阳聪明、漂亮。

生活中，女孩往往由于学习成绩较好或者某方面有特长而经常受到父母和老师的表扬。过多的表扬常常会误导女孩，使她不能正确认识自己，滋长骄傲情绪。因此，父母在表扬女孩的时候也要掌握一定的火候。如：表扬要具体，有利于增进孩子的自信心；表扬不要脱离实际；在表扬的同时，要给孩子提出努力的方向……

3. 帮助孩子正确认识自己

女孩产生骄傲心理往往源于自己某方面的特长和优势，父母应该先帮她分析这种骄傲的基础：是学习成绩比较好、有某方面的艺术潜质，还是有其他方面的天赋。然后让女孩认识到，她身上的这种优势不过限定在一个很小的范围内，放在一个更大的范围就会失去这种优势，正确的态度应该是积极进取，而不是骄傲懈怠。

此外，当女孩取得了一定的成绩，父母在表扬的同时也要告诉她："这确实是你自己努力的结果，但是不要忘记，这也包含着父母的培养、老师的教诲和同学的帮助。"

培养女孩宽广的心胸

与男孩相比，女孩的心胸似乎要显得狭窄些，但这并非天性使然，而是社会的一些舆论误导。社会对男孩的基本要求是心胸宽阔，对于女孩的狭隘则能够容忍，在这样的社会环境中，对于形成豁达的性格方面，女孩往往没有过多的压力，如果父母不对之实行积极的教育，她很可能无法做到宽容大度。

宽容豁达其实是一种处世智慧，如果父母教导女孩学会宽容，她就掌握了跟任何人交往的智慧，拥有很好的人际关系，而好的人际关系，会让她的生活充满快乐，也为她的未来打下良好的基础。

1. 眼界宽的人，胸怀也会宽广

父母可以利用节假日带着孩子去亲近自然，或是外出郊游，或是游览名山大川。在接触新鲜美好的事物中，孩子的眼界变得开阔，心胸也会变得更加宽广，不仅饱览了美景，而且塑造了优秀的品质。

2. 在阅读中培养孩子宽广的胸怀

孩子都喜欢看故事书，因此，父母可以在阅读中适时地引导孩子，培养孩子宽广的胸怀。

有一次，小乐在读到《将相和》故事时问妈妈："妈妈，如果是我，我可不会背着荆条去认罪。”小乐说的是廉颇负荆请罪的事情。妈妈告诉小明，因为廉颇负荆请罪，因为蔺相如心胸宽广，以大局为重，所以，秦国才不敢侵犯赵国。

还有一次，小乐读到韩信后来当了元帅，竟然宽恕那几个当年侮辱他的人，不解地问道：“这么欺负人，怎么还饶了他们呢？”妈妈问小乐：“你不是想当一个好孩子吗？你不是希望自己将来能做大事吗？要成就大事，必须要有一个宽广的胸怀。”

另外，父母应结合生活中的一些现象，告诉孩子怎样才能拥有一个宽广的胸怀，比如不要斤斤计较鸡毛蒜皮的小事，要欣赏他人的优点，不要嫉妒。这些都将有利于孩子宽广心胸的培养。

3. 让孩子分享成功，学会包容

小柯参加了校外活动小组，并担任小组长。有一次，班级举行爬山活动，有个孩子力气不足，多次落在大家的后面，于是小柯和另几个孩子多次停下来帮助他，小组才赶上前面的“大部队”。小柯心生怨言，回到家里嘟囔着说让老师把这个同学调出去。

如果遇到同样的事情，父母可以告诉孩子：每个人都有优点和缺点，不能因为一件事情就否定或不喜欢一个人；告诉孩子有宽广胸怀的人将来才能成就大事，要做富有正义感和同情心的好孩子，宽容他人，这才是一个人美德的体现。

培养女孩热爱劳动

勤劳是一个人一生的美德，更是孩子长大成人后更好地立足于社会的基础。女孩只有懂得热爱劳动，才能成为最美丽的女孩，才能受到大家的欢迎。因此，从小培养女孩热爱劳动的好习惯，也是父母肩负的一个重要教育责任。

现实生活中有很多女孩好逸恶劳，拈轻怕重。这与父母的教育方式有着直接的关系。

某天，丁丁醒来后，突然心血来潮想要自己穿衣服。这时，妈妈一边把衣服套在她的身上，一边对她说："好宝贝，我来帮你穿吧，妈妈上班快迟到了。"

一天，丁丁看妈妈扫地很好玩，便对妈妈说："妈妈，我想帮你扫地。"妈妈不耐烦地说："去找爸爸玩吧，妈妈不用你帮忙，你越帮我越忙。"

一般来说，女孩在很小的时候，就会有自己动手、帮父母分担家务的欲望。如果父母经常对女孩的行为加以制止，她想参与劳动的积极性就会渐渐消失。即使随着年龄的增长和受教育程度的提高，她慢慢明白，父母不让她做家务是出于对她的爱，但懒惰的习惯已经养成，并非一朝一夕就能改掉。

社会学家和心理学家经过长期追踪调查、共同研究发现：爱劳动的孩子与不爱劳动的孩子在性格、爱好和人生、事业方面存在很大差异。爱劳动的孩子和不爱劳动的孩子长大后失业率为1：15，犯罪率为1：10。由此可见，热爱劳动的习惯对孩子一生的影响是巨大的，那么，女孩热爱劳动的良好习惯该如何培养呢？

1. 按照年龄不同对孩子进行不同的劳动教育

对孩子进行劳动教育应大致有个计划，不同年龄、不同时期有不同的教育内容。一位妈妈对此很有心得：

"我对女儿的劳动教育，就是采取了分阶段实施的做法。孩子1岁多，正是自我意识形成阶段，我就让她自己穿脱衣服、鞋子，自己吃饭；两岁时教她收拾玩过的玩具，自己洗手；3岁时，我教她自己洗脸、洗手、整理床铺；4岁后引导她自己的事自己做，洗手帕、洗袜子，帮助拣菜、挑米中的小杂物。"

"现在女儿已经5岁了，能够摆碗筷、收拾饭桌、洗碗、帮助晾晒衣物、叠衣服等，主动做好自己的事情。"

这位妈妈的教育方式无疑是正确的，值得各位父母借鉴效仿。

培养孩子爱劳动的好习惯，要从简易开始，根据孩子生理发展的特点，逐步提高要求。另外，在孩子劳动的过程中，父母还要耐心地教给她一些劳动的程序和方法。如洗脸，要教她先用湿毛巾擦眼睛、脸部、鼻子、前额，然后擦耳朵、耳背，最后擦颈部，等等。

2. 任何时候都不要打击孩子劳动的积极性

小女孩往往十分注重父母对自己的评价，所以，当女孩表现出劳动的主动性时，父母切不可泼冷水，而应热情地鼓励孩子："噢，知道帮妈妈干活了，是个大孩子了"、"快来看，女儿自己洗的手绢真干净"……

一天，妈妈刚准备做饭，小芳走到她身边说："妈妈做饭不能跟我玩了，真没意思。"看到女儿无所事事的难受样，妈妈说："你去做手工吧！"小芳不愿意，说："我和你一起做饭好吗？"妈妈想，这正是对女儿进行教育的好时机，于是欣然同意："那太好了，今天烙饼，咱们一起做。"

妈妈耐心地教小芳做饼的方法，她学得非常认真。吃饭的时候，小芳兴致勃勃地向爸爸介绍了和妈妈一起做饭的情景，并特意找出她做的饼请爸爸尝尝味道怎么样。爸爸连连点头说好，夸奖道："我女儿的手艺，都赶上一级大厨的水准了！爸爸好高兴。"

从此，小芳常常高兴地帮助父母洗菜、做饭，每次都干得非常认真。

当孩子取得一定的劳动成果时，哪怕这个成绩是微小的，父母也要及时鼓励孩子，让她在劳动中体验到快乐和幸福。长此以往，一个勤劳的小公主就会诞生了。

鼓励女孩慷慨待人

慷慨大方的女性不仅具备女性的温柔，而且善于和他人分享自己的快乐。这样的女性是快乐的，富足的，美丽的。

因此，对女孩的爱心教育和培养她们慷慨大方的教育同等重要。与慷慨相反的性格则是"小气"，这是一种不良的性格特征，父母要防止并及时纠正孩子的"小气"行为。

一般来说，孩子在2岁前都表现得比较大方，愿意将自己的东西和大家一起分享，但是2岁以后，孩子就会表现出自私的欲望，这时，家长应积极引导孩子，帮助孩子树立正确的观念。随着孩子的成长，她们会逐渐摆脱这种以自我为中心的观念。

那么，如何培养孩子慷慨大方的性格呢？具体方法如下：

1. 为孩子树立好的榜样

父母的行为会对孩子产生最直接、最持久的影响。所以，为孩子树立学习的榜样是父母的首要任务。同时，父母还可以让孩子多与慷慨大方的孩子交往，在交往中不知不觉地从他人身上学会慷慨待人。

2. 鼓励孩子帮助困难者

我们周围或多或少会存在贫困者和受难者，父母应当积极主动地鼓励孩子慷慨相助。在帮助他人的过程中，孩子也会在精神上变得高尚起来。

3. 给孩子提供练习分享的机会

慷慨待人的品格是在实践活动中形成的，在日常生活中，父母要多为孩子提供一些机会，让孩子学会与人分享。比如买回的糖果不要全部留给孩子，而要让孩子亲自把糖果分给家庭的每位成员；孩子玩耍时，引导他与其他孩子一起玩。这样孩子就会逐渐明白礼尚往来和互相帮助的重要性，对孩子慷慨品格的养成有很大帮助。

培养女孩节俭的美德

勤俭节约的美德如甘霖，能让贫穷的土地开出富裕的花；勤俭节约的美德似雨露，能让富有的土地结下智慧的果。生活中，勤俭节约的故事更是不胜枚举：

英国女王伊丽莎白二世经常说的一句英国谚语是“节约便士，英镑自来”，每天深夜她都亲自熄灭白金汉宫小厅堂和走廊的灯，她坚持皇家用的牙膏要挤到一点不剩。

号称“车到山前必有路，有路必有丰田车”的日本丰田公司，在成本管理上从一点一滴做起，劳保手套破了要一只一只地换，办公纸用了正面还要用反面，厕所的水箱里放一块砖用来节水。

一个贵为一国之尊、一个是世界著名的跨国公司，节约意识竟如此强烈，不能不令人赞叹。

随着生活水平的不断提高，节俭的美德已渐渐被人们所忘却。当女孩把心思都花在了攀比上，自然不会把全部的精力都用在学习和提高自身修养方面。如此一来，她们也就距离成为小淑女、小才女的成长目标越来越远了。而这显然背离了父母望女成凤的迫切期望！

专家给您支招

我们之所以提倡女孩要养成节俭的美德，并不是说要她完全发扬艰苦朴素的作风，有好的不吃、有漂亮的不穿。而是说，父母应努力将女孩更注重穿衣打扮的倾向，引导到更注重个人内在修养。当女孩将更多的注意力都集中在学习、加强自身知识储备、提升自身修养上时，才能真正成长为一名人人羡慕的优秀女性。

1. 让孩子体验一下“贫穷”

生活条件的优越，往往会使孩子体验不到“贫穷”的滋味，不知道勤俭节约的重大意义。因此，父母不妨来点“苦肉计”，让孩子身临其境地感受“贫穷”的味道。

一位母亲的方法很有独到之处：

放暑假时，妈妈把10岁的女儿佳乐带到乡下的大伯家里，让女儿寄居在农村，和农家孩子一起放牛、耕种，吃着油花并不多的饭菜……

两个月的假期生活，使佳乐渐渐爱上了憨直可爱的农家孩子，喜欢上了淳朴宁静的农村生活，而且增长了不少农家知识，学会了很多农活。与此同时，她也把农村孩子勤俭节约的好习惯带回了家。

生活环境对孩子的熏陶作用是很大的。当孩子一直生活在“蜜罐”中，她自然不懂得节俭，喜欢与他人攀比；而当她真正地体验到“贫穷”的滋味，才会明白“一粥一饭，当思之不易”的深刻道理。

英国的一位文学家曾经说过这样一句话：“平静的海洋练不出精悍的水手，安逸的环境造不出时代的伟人。”说的也正是这个道理。

2. 让孩子知道自己挣钱不易

孩子没有节俭的意识，很大程度上与她从未有过挣钱的经历、不知道挣钱的艰难有关。因此，父母应放开手脚，鼓励她多尝试、多体验。

北京一对年轻的父母带着刚上小学不久的女儿去逛街。在一个繁华的路口，有一位老爷爷正在卖《北京晚报》，父亲从口袋里掏出5元钱交给女儿，让她去买10份晚报。女儿买回晚报后，父母跟她商量：按原价把晚报卖出去，看看我们能不能很快卖完。

在父母的支持与帮助下，女儿费了不少时间才把10份晚报卖出去。然后，父母又让女儿去问卖报的老爷爷，一份报纸能赚多少钱。孩子从老爷爷那里知道，卖一份报纸只赚几分钱。女孩很快算了一笔账，花了这么长时间才能挣几毛钱，而且费很多辛苦和口舌……于是，她像个小大人似的对父母说：“爸爸、妈妈，我以后可不能随便花钱了，挣钱太不容易了。”

苦口婆心地教育孩子不要乱花钱、要节约，远不如给孩子一次靠自己劳动赚钱的机会。当敏感的女孩知道金钱来之不易，自然就会养成勤俭节约的好习惯。

此外，为了让孩子养成珍惜物品、不浪费的好习惯，父母还可以带孩子去参观工厂、农村的生产劳动过程。当孩子懂得所吃、所穿、所用来之不易，都是人们用汗水和心血创造出来的，随意浪费是不珍惜劳动果实、不尊重劳动的表现时，她自然就会格外珍惜。

3. 教孩子学会花钱

一位父亲为了给女儿买一辆物美价廉的自行车，带着女儿一连逛了十几家自行车商店。后来，这位父亲用省下来的50元钱，给女儿买了一副她一直喜欢的羽毛球拍。

故事中的这位父亲，不仅教会了女儿货比三家的道理，更向女儿灌输了一个消费理念：节省下来的钱，可以实现更多的心愿。当女孩有了正确消费的意识、节省的意识，做到勤俭节约也就不是什么难事了。

此外，让女孩尝试“一日当家”、“一周当家”、“记收支账”等，也是培养她的节俭品质的好方法。

教育女孩学会道歉

人非圣贤，孰能无过。犯了错误不要紧，最重要的是如何去面对，是否有勇气承认它，并为自己的过错而努力改正。

每个孩子在成长过程中都会犯这样或那样的错误，也可能会伤害到他人。当孩子犯错误时，许多父母认为：“孩子这么小，犯错是难免的，哪里需要道什么歉，实在要道歉，也是家长代替。”实际上，由父母替孩子“认错”，百害而无一利。其一，父母认为这是疼爱孩子，实际上这种疼爱不是真正的疼爱，而是在袒护孩子的过错，孩子没有从错误中获得应有的教训，也难以对自己的言行负责任。其二，由于“犯了错误反正有父母担着”，孩子可能会反复犯错。孩子伤害了别人，就应该自己去道歉，去承担后果、付出代价，这不仅仅是为了得到别人的原谅，也是从小建立责任感，对增强孩子的自律精神、谨慎言行，以便将来顺利融入社会生活，有非常重要的作用。对于女孩而言，学会道歉更为重要，它会使一个女孩更富有淑女风范，气质更加高贵。

一旦孩子能够发自内心地说出“对不起”，她不仅仅是掌握了一项社会技能，更重要的是，她学到了怎样去补救自己的过失，怎样对自己的行为负责，怎样照顾他人的情感。

儿童心理学家提醒：对一个3岁的孩子来说，要他在口头上道歉可能比让他做一件好事还要困难。他们虽然想解决冲突，但是道歉对他们来说却很难做到。这是为什么呢？据研究有以下几方面的原因：

1. 同情心是诚恳道歉的基础

同情心是需要很多年才能慢慢培养成的。大多数孩子到七八岁的时候，才能够站在别人的角度想问题，理解伤害性行为对他人的影响。

2. 说“对不起”意味着承认自己做了错事

很多孩子认为，做坏事就意味着自己是一个坏孩子，因此都不愿意承认自己的错误。

3. 儿童的骄傲与自尊会比同情心发育得更早

这也很难让孩子对自己的行为道歉。即使他们道歉也并不认为自己错了，相反，他们会觉得这是保留自己面子的一种方式。

4. 父母的暴怒会影响到孩子的认错态度

父母强制孩子道歉的做法会让孩子的内心同样愤怒，这种强制性道歉的做法只会适得其反。

道歉是一项社交生活中必需的礼貌，生活中，父母要适时教育女孩学会道歉。这不仅需要父母的爱心，还需要一些技巧，尤其是当女孩犯错误时，父母要在第一时间教育女孩及时认错并道歉，让女孩从小养成良好的行为习惯。

每个孩子都会犯错，对于孩子的错误行为，父母应当区别对待，让孩子

学会为自己的行为道歉，同时学会负责。

1. 让孩子先学会认错

孩子没有学会道歉，可能是因为不懂得是非概念，不知道生活中什么是对的，什么是错的，为什么是错的，更不知道自己应该怎样改正错误。因此，父母切不可对她动辄责备，应耐心地告诉她为什么错了，错在哪里。

认错需要一定的勇气。孩子不敢认错，可能是害怕承担后果，父母应给她一种安全感，告诉她每个人都有犯错误的时候，只要改了就是好孩子，以免她产生畏惧感。

2. 孩子犯错要及时纠正

当孩子做错事时，父母应及时教育并纠正，让她知道错误不是不可挽救的，只要改好了，就可以得到原谅。千万不要在孩子做错事后，一味地批评、指责她，否则会让她产生逆反心理，以后犯错时总想找借口推托。

对懂得道歉但又频繁犯错的孩子，父母不仅要注意孩子的言语道歉，更要关注孩子改正错误的行为。

3. 不要强迫孩子道歉

3岁左右的孩子多会对父母提出的道歉表示抗拒或是拒绝。如果孩子固执倔强地不愿意道歉，绝对不要勉强她。因为强迫她表达自己并不真实的情感，不仅没有意义，而且很有可能导致相反的结果——撒谎。但是，这并不表示要对孩子妥协、退让，你可以向她解释："你伤害了别人应该道歉。"慢慢地，这种道理就会被孩子所理解。

4. 父母应学会向孩子认错

传统的家庭观念认为，父母向孩子道歉，会丧失自己的威严，所以，不少父母为了维护自己作为大人的面子，即使做错了仍然坚持不向孩子认错。

研究显示，父母向孩子认错，不仅可以融洽家庭关系，并且可以用现身说法让孩子明白每个人都会有犯错的时候，认错并不是一件丢脸的事情。父母向孩子认错，不仅不会因为认错而丧失尊严，反而会让孩子更加尊敬父母。

引导女孩孝敬长辈

人的一生中，父母的关心和爱护是最真挚、最无私的，父母的养育之恩是永远也诉说不完的：吮着母亲的乳汁离开襁褓；揪着父母的心迈出人生的第一步；在甜甜的儿歌声中入睡，在无微不至的关怀中成长；灾灾病病使父母熬过多少个不眠之夜；读书升学费了父母多少心血；立业成家铺垫着父母多少艰辛。可以说，父母为养育自己的儿女付出了毕生的心血。这种恩情比天高，比地厚，是人世间最伟大的力量。

针对被爱的孩子是否更懂爱的问题，《北京青年报》的记者曾在北京市某中学的一个班中做了这样一个调查：向所有同学询问一个相同的问题——你是否记得父母的生日？

多数孩子的回答都是令人失望的："不记得"、"只记得大概"、"从来没给父母过生日"……而与此截然相反的是，孩子们对自己的生日都记得清清楚楚，并且都十分在乎父母是否记得。更令人感到吃惊的是，一位女生几乎可以说出班里所有同学的生日，唯独不记得自己父母的生日。

为什么享有长辈更多关爱的孩子，却不懂得回馈这种爱呢？调查产生的结果十分值得父母的反思。

父母们都希望自己的孩子能够孝顺、懂事，那么，该怎样引导孩子养成孝敬长辈的美德呢？

1. 父母要以身作则树立榜样

一位女孩的父亲曾这样介绍自己的经验：

女儿的爷爷和我们一起生活，平时我和妻子都对父亲非常尊重，不管大事小事，都会听听他的意见；吃饭时，老人不上桌子，决不开饭；平时嘘寒问暖，照顾得非常体贴周到。我们的一举一动，女儿都看在眼里、记在心上。

有一次，老父亲生病住院了．女儿坚决要求每天到医院去陪爷爷一会儿，还不时提醒我们，该给爷爷炖鸡汤补补身子啦、该把爷爷最爱听的收音机送过去给爷爷解解闷啦、该为爷爷换洗床单啦……她像个小大人似的跑上跑下，虽然没帮上什么忙，却令我们感到很欣慰。

女孩小的时候，是十分善于模仿的，一言一行都喜欢参照大人。因此，父母平时对老人的尊敬、关爱之举，往往能促使观察力敏锐、情感丰富的女孩养成孝敬长辈的美德。

2. 让不知世事的女孩体验到长辈的辛苦

当你拖着疲惫的身体回到家时，不知世事的女儿很可能会缠着你陪她玩。这时，你会怎样回答她？

"妈妈（爸爸）很累，自己玩去。"

"妈妈（爸爸）很累，因为妈妈（爸爸）想在六一儿童节为你实现一个心愿，所以，妈妈（爸爸）要辛苦地工作赚钱。你能给妈妈（爸爸）捶捶背吗？"

很显然，前一种回答实在很糟糕，因为你忽略了孩子的心情。她多么想念一天没见面的妈妈（爸爸），多么想在你的身边撒撒娇，但是你打碎了孩子的梦想。

后一种回答则一举两得。你不仅告诉了女儿，你为什么这么辛苦、为什么不能陪她玩，而且还告诉了她，妈妈（爸爸）赚钱很辛苦，让孩子体会到你的辛苦。而一个能够深刻体验到父母辛苦的女孩，又怎么可能不孝敬长辈呢？

第三章　培养女孩的超凡个性

女孩超凡的个性犹如花之魂、水之韵、松之魄，比女孩的外貌更吸引人。一个乐观、活泼、理性、有主见，而又不懦弱、不娇纵的进取型女孩，她自身所表现出来的个性，就像沙砾中耀眼的明珠，这样的女孩如何不受人青睐呢！

锻炼女孩的理性思维

人们常说男孩比女孩聪明，其实除了特殊情况，每个孩子刚刚出生时，智商基本不会有太大区别。不同的是，女孩的思维方式与男孩不同，她们更加感性，更加相信自己的直觉。也正因为如此，面对问题，女孩往往会轻信自己一时的感觉，而不去做过多的逻辑推理。

对于女孩的感性、不擅长理性思考，父母们的担心并不少：

“我的女儿，别人说什么她都相信。我真担心在日后的人生道路上，她要摔好多跟头。”

“女儿的数学总也学不好，一遇到难题，她就退缩了。”

“女儿很乖巧，但却很不具思考力。学习上，我教她什么她就学什么，从来不会主动提出创造性的问题。”

可以说，理性思维能力对于女孩的一生至关重要。一个习惯于理性思维的女孩，不仅学业方面会更优异、成长中少走很多弯路，而且她对人生的众多选择也会更具甄别能力。

我们甚至可以这样说，一个具有理性思考能力的女孩，将更易收获一个成功的人生!

一位行为学专家曾说过：“思考能够拯救一个人的命运。”确实，有思考力的人才会有创造力，才能掌握自己的命运。而对于生来就力量弱小的女孩来说更是如此。

那么，在女孩成长的过程中，她的理性思维能力从何而来呢?

毫无疑问，孩子的思维能力需要在生活中一点点累积起来。日常生活中遇见的很多事，父母其实都可以交由孩子去思考、完成和处理。给予孩子充分独立自主的空间，有意识地锻炼孩子面对事情、处理事情的能力，对培养理性、系统的思维是十分有益的。

专家给您支招

让女孩从小就学会理性思考，是父母不可推卸的责任。以下几点可供父母们参考借鉴：

1. 引导女儿从不同的角度想问题

父母应注意引导女孩从不同的角度想问题，以培养其思维的多角度性。

对任何一种解决方案，父母都应有意识地引导女孩衡量其中利弊。并且，对同一个问题，父母不仅要引导女孩学会正向思维、逆向思维，还要引导她进行横向思考。

2. 经常与孩子展开辩论

争辩不仅可以引发孩子进行认真细致的思考，而且能培养其思维的敏捷性。因此，父母在日常生活中可多与女儿就现实问题进行探讨，如争辩看电视、打游戏机时间长了好不好；观看某一电视后，与孩子争论对某一人物或问题的看法等。这样不仅锻炼了孩子的思维能力，还提高了她对许多问题的认识水平。

一位妈妈曾这样写道：

为了锻炼女儿的思维能力，我经常会有意识地故意和她“对着干”。

一次，刚看完一个青春电视剧，我故意问她：“你喜欢这里面的哪个人物？”女儿兴奋地回答：“当然是那个男一号了，好帅哦。”我马上接口道：“我不喜欢那个男一号，除了长相外，他还有什么优点？”

女儿急了：“哪里，他个性也很好、很善良……”对于女儿的回答，我马上进行了反驳，最后女儿只好拿来纸笔，一口气罗列出了男一号的一大堆优点，然后一条条地和我争论……

最后，我和女儿根据这次讨论，还一起总结出了一个“好男人的十大标准”。这也算是一种额外的教育收获吧！

3. 多向孩子提出需要推理的问题

孩子还小的时候，父母就应经常向她提出一些需要做简单的推理判断才能回答的问题。比如对孩子进行因果关系的训练，即训练孩子思考某个行为带来的可预测的后果。父母可以这样问孩子：

“如果我忘记关上水龙头，让它开一整夜，你想会发生什么事？”

“如果没有了太阳，那么世界会变成什么样？”

和孩子玩因果游戏时，父母也可以和她交换角色，由父母想象原因，孩子回答结果。

此外，父母还可以经常围绕着“一物多用”、“一事多因”来为孩子编些问题，让孩子回答。比如问孩子：

“水有什么用处？”

“砖头除了盖房还有什么用处？”

“纸有哪些用处？”

父母应依据各种各样的生活情景，有意识地、积极地引导孩子主动思考。长此以往，孩子的推理能力、思考能力都将得到很大程度的提升。

鼓励女孩大胆秀出自己

才华横溢而不懂得表现是人世间最悲哀的事情，因为这会白白丧失许多成功的机会!

埋怨机会不平等的人，总觉得自己没有碰上表现的好机会。其实，成功不是没有机会，而是你没有识别机会、抓住机会、利用机会。机会对每个人都是平等的，要想在人生的道路上取得成功，就要抓住每一个展现自己的机会。

菲律宾总统阿罗约是举世公认的伟大女性。她从小身材矮小，相貌一般，同龄人都不愿意和她一起玩，有的还暗地里叫她“侏儒”。她唯一的一位朋友担心她承受不住打击，曾劝她退学，但她丝毫不把同学的嘲笑放在心上，拒绝了朋友的好意，“长得矮有什么关系，这并不影响我学习，也不会妨碍我进行正常的社会活动，他们爱笑就让他们笑好了，我不会在乎的”。果然，不管学校有什么活动，阿罗约都会积极参加；同学之间有什么聚会即便不邀请她，她也会主动前去庆贺。不仅如此，每一次募捐演讲，她总是第一个勇敢地走上讲台，用自己卓然傲立的姿态和精彩的演说震撼在场的所有人。

学校破例把去国外著名大学深造的机会留给了她。后来，这位身高仅1.5米的姑娘，凭借着自己果敢的勇气和冒险精神，因在国家非常时期对政治经济大胆提出一揽子切实有效的改革建议，成为菲律宾人拥护的新经济模式的带头人。

曾有一个民意调查，询问民众为什么选阿罗约当总统。民众公认的答案是阿罗约具有勇气、有胆量，面对波折有不怕牺牲、不妥协后退、不怕艰险的冒险精神，是总统人选的必备气质。菲律宾人民相信，在阿罗约的带领下，菲律宾会变得更强大。

我们所知道的张欣，往往是作为大名鼎鼎的潘石屹的妻子。其实，张欣自己本身就是SOHO中国的联席总裁。

14岁时，张欣随母亲移居香港。那时候，她只是香港工厂的流水线女工，除了很快就能讲一口流利的粤语外，还能讲一口流利的粗话。因为她发现，作为一个外来妹，如果你很乖，人们就会认为你好欺负，为了不让自己挨欺负，她总是故作一副强势的样子。后来，张欣意识到如果没有文化知识，就只能当一辈子女工，于是只身赴英国留学。

她获得剑桥大学发展经济学硕士学位后，紧接着成为美国华尔街投资银行高盛公司的投资顾问，充分证实了自己的能力。

张欣非常热爱艺术，痴迷于一切能够展现创造力的活动，尤其是对建筑艺术更是充满了激情。作为中国最前卫建筑的资助者和具有创新精神的企业家，她多次赢得具有国际声望的大奖。而SOHO中国所开发项目的创意也是来自张欣。她的作品“长城脚下的公社”于2002年应邀在威尼斯双年展第八届国际建筑展上展出，“因其大胆的创新精神，积极推动12名亚洲建筑师设计建造出极富当代精神的私人住宅”而一举荣获威尼斯双年展“建筑艺术推动大奖”，这是中国人首次在世界建筑舞台上获奖。

每个女孩的父母都相信自己的女儿具备独一无二的能力，但是孩子自己并不一定能把这独一无二的能力发挥出来，她们还需要父母的帮助。

1. 教育孩子，美不仅在表面

对于一个人来说，外表固然重要，但并不是最重要的。女性的美应该是由内而外散发出来的光彩，仅仅拥有外表的光鲜只是瞬间的浮华罢了，只有拥有坚强的意志、率真的性格、在某些方面有所成就，才能成为一颗永恒闪亮的明星。

2. 让孩子将自己的能力完美地证明给别人看

很多女孩因为害羞，不敢表达自己而错失了很多机会。对此，父母应该告诉孩子，如果你想成功，就大胆地秀出自己，把自己的特长和想法大胆表达出来。你不说，别人怎么会知道呢？

鼓励女孩远离胆小懦弱

胆小、懦弱并非女孩的专利，更不是天生的，女孩之所以胆小、懦弱，很大一部分原因是在家庭教育中形成的。当女孩表现不乖巧时，父母多半会这样吓唬女孩："你再不乖，狼外婆就来了。"年幼的女孩并没有掌握太多的科学知识，所以很容易被父母的戏言吓倒，并产生深深的恐惧，长此以往就容易形成胆小、懦弱的性格。由此可见，女孩的胆小懦弱和父母不正确的教育方式有很大关系。对生活充满恐惧的女孩，很难有勇气去面对"侵略者"。当受到欺负时，恐惧就像一个巨大的阴影吞噬着女孩幼小的心灵。

另外，父母的溺爱也容易让女孩形成胆小懦弱的性格。"不要动，小心烫着你！""想吃苹果？妈妈给你削，刀子会伤到手！"在父母的过分保护下，这种消极的信息会暗示女孩：外界的事物是不安全的。在父母的溺爱中，女孩一方面会变得娇纵，不可一世，另一方面则因为很多事情没有体验过，所以会有恐惧心理。这样的女孩在面对"侵略"和困难时，首先想到的就是躲避。

父母可以通过以下方法教育孩子勇敢地面对困难，让其变得坚强起来。

1. 鼓励孩子说出自己的内心需要

8岁的香香平时胆子很小，不敢说话。有一次，爸爸带着她去逛商场，要离开时，她拽住爸爸的衣角说：“爸爸，再玩一会儿吧。”她一边说眼睛一边盯着柜台里的一个洋娃娃。爸爸看出了香香的心思，但是他假装不知道，故意对她说：“好，再玩10分钟。”

10分钟很快就过去了，香香终于忍不住了，用很小的声音说：“爸爸，我……想买一样……东西。”爸爸问：“买什么？说话不要吞吞吐吐的，想要什么就说出来！”

“我想买一个洋娃娃！”香香终于鼓起勇气大声说了出来。于是，她得到了一个洋娃娃。

父母应该灌输给孩子这样一种思想：谦让是一种美德，但是争取却是一种能力。面对自己无法预测的结果，要积极争取，消极地回避是无法能得到自己想要的东西的。

当孩子希望得到某种机会或者某样东西时，当孩子的权利受到侵犯时，当孩子面对各种压力时……争取并不一定能够获得，但是放弃却意味着失去。因此，父母一定要教会孩子积极努力地争取，大胆地说出内心的想法。

2. “宠”出孩子的勇气

其实，每个孩子都会惧怕怪异的声音，男孩同样如此。这说明男生和女生一样胆小，只是男孩内心中存在更多对抗懦弱的因子，比如冒险和攻击等，而女孩则没有这些特征。但这并不是说女孩就会因此更容易失去自信，变得胆小懦弱。事实上，女孩的自信是可以“宠”出来的。

可可是一个很有勇气的女孩。当别人询问她为何“如此优秀，如此自信”时，她回答说：“因为父母都特别宠爱我，一直认为我是一个优秀的女孩。”

可可学习画画时，虽然画得乱七八糟，但是父母并不在乎，而是夸奖她具有绘画天赋。当她想要做一名主持人时，父母的第一反应就是：“你准备去央视，还是凤凰卫视呢？”在父母的“宠爱”中，可可找到了自信，并且在一家知名的媒体单位找到了自己满意的工作。她一直是一个自信、阳光、开朗的女孩。

当女孩缺乏自信时，即使面对比自己弱小的对手也不敢挑战，而是把自己放在失败者的位置，这样当然不会成功。但是，女孩并不是胆小懦弱的代名词，女孩同样可以做得很出色。女孩也许表面是柔弱的，但是内心却蕴藏着钢铁般的意志，这样的意志需要父母去挖掘，去引导。

杜绝女孩的娇纵个性

近些年来，由于生活条件的提高，父母对孩子百般溺爱，孩子在家庭中的地位越来越高，致使许多孩子变得越来越娇纵、越来越难管。

8岁的苗苗是家里的独生女，学习成绩优良，可是任性、要强、自私、嫉妒、好发脾气。菜不好吃，责怪大人；父母吃了她爱吃的点心，就大嚷大叫；每天起床，几乎总要找点事情发一顿脾气。

父母都想给孩子最好的呵护，可悲的是，父母越是以孩子为中心，孩子就越以自己为中心。因为家人的过度宠爱，她理所当然地认为所有人都要满足她的要求，一旦愿望不能满足，她就会随意胡闹。

苏联教育学家苏姆林斯基说："娇纵的爱是最可悲的。"对于女孩来说，一旦养成娇纵的个性，后果不堪设想：

娇纵的女孩，往往会失去节制欲望的能力；

娇纵的女孩，往往无法忍受愿望不能实现的痛苦；

娇纵的女孩，往往会怠惰，并缺乏思考力和创造力；

娇纵的女孩，在将来的事业、职业生涯中，因为不想、不愿付出努力，期望与失望之间的落差往往会很大。

因此，身为父母，在日常生活中一定要教育好自己的小公主，无论如何也不能让她成为娇纵的女孩。

相对男孩来说，在教育女孩的同时，父母应给予更多的宠爱。但这种宠爱，更多的应是一种鼓励、一种支持、一种信任，而非物质的绝对满足、无条件的绝对纵容。

1. 适当控制孩子的优越感

父母常因自己聪明可爱的孩子而感到骄傲，同样的，孩子也会因父母而产生特殊的优越感。这种优越感一旦过了头，就会让孩子变得骄纵和蛮横，成为一个没有礼貌、令人生厌的人。

一天，苏联儿童文学家盖达尔带着5岁的小女儿珍妮，去给小朋友们讲故事。

大礼堂里，孩子们聚精会神地听盖达尔讲故事。这时，小珍妮却旁若无人地在礼堂里走来走去，有时还故意使劲地跺跺脚，发出惹人讨厌的声响，跺完脚后还露出得意的神情，她的举动仿佛在告诉小朋友：

“你们看，我是盖达尔的女儿！你们一个个都在听我爸爸讲故事，这些故事我每天都能听到！”

盖达尔看到女儿的行为，立即停止讲故事，突然提高嗓门，大声说：“那个猖狂的小家伙是谁？请你们把那个不守秩序的小家伙撵出去！她妨碍了大家安静地听故事。”

小珍妮一下子愣住了，她万万没有想到自己亲爱的爸爸竟然会这样说她，虽然她连哭带喊地赖着不走，想让爸爸心软，但是盖达尔不为所动，坚决要求工作人员把珍妮拉出会场。

之后，盖达尔又继续给孩子们讲故事，故事讲完了，孩子们对盖达尔报以热烈的掌声。

当孩子“优越感”过头时，父母一定要及时告诉她：自豪感和自信心应来源于她自己，而不是父母或者他人。

2. 不迁就孩子不理智的行为

任何一个孩子小的时候，都曾用哭闹的行为来“胁迫”父母。如果父母对此无奈妥协，很容易助长孩子娇纵个性的形成。因此，对于孩子的一些不理智行为，父母务必做到严格要求、态度始终如一。

一位对女儿要求严格的父亲在这方面为我们做出了表率：

一次从街上买橘子回来，还没上楼，女儿就嚷着要吃。我没同意，拿起袋子就走，不料女儿蹲在地上放声大哭起来。我不想纵容女儿的无理行为，便没有理她，自己上楼了。

女儿依旧站在风中大声哭嚷，妻子爱女心切，好几次想下楼，都被我强行劝阻。我太了解女儿的脾性了，只要你稍有迁就，她就会得寸进尺，更加放胆，还以为是大人怕她。

女儿在一阵歇斯底里的哭喊之后，慢慢地一层一层上了楼。当哭声在家门口停止时，我示意妻子把客厅门打开。这时，只见女儿泪光闪闪地站在门口，我佯装不看她。不一会儿，女儿怯怯地挪动步子走了进来，极为诚恳地向我认错，我依旧不理不睬。女儿又向前移动了两步，两眼含泪地站到我的面前：“爸爸，我不要橘子，我错了。”一阵冷处理之后，我这才转过脸来，表情严肃地问她错在哪儿，直到她认识清楚为止。

整个下午，女儿像是变了一个人似的，很自觉地按照我的要求看书写字。学习完后，又十分主动地把客厅和她房间内桌上的东西整理得井然有序。为了表扬她，我在她的“思想表扬栏”内贴了一面小红旗。同时，为了让她知道今天不太听话，另贴了一面小绿旗，并写上了日期。

上面这位父亲的方法虽然看起来太过严厉，但对于制止女孩的娇纵行为却是最有效的。通过这次事件，女孩不仅认识到了自己的错误，更学会了自我控制，再也不以自我为中心了。

而且，这位父亲在事件发生之后再加以表扬的教育方法，也十分值得其他父母借鉴。批评之后，女孩知道“父母是因爱而严厉”，才不会产生偏激的情绪。

培养女孩的进取之心

女孩与男孩不同，她们少了男孩些许好胜、争强的竞争心理。女孩每进入一个新的集体，首先关注的是“关系”，谁对自己好、自己可以和谁成为朋友，往往是她思考的重点。所以，正如生活中我们所看到的，大多数女孩对自己是否能够“当头”没有什么兴趣，她们更青睐于博得更多人的喜爱、更容易满足于周围的良好关系给自己带来的快乐。

正因为女孩天性不喜欢竞争，父母更应在培养孩子“积极进取”上多下点工夫。积极进取之心，不仅是一种成功所必须的竞争力，更代表着一种独立思维的能力、创新的能力；如果孩子自小习惯于人云亦云、随波逐流，长大成人后又如何能攀登至自己人生的最高峰呢?

我们都知道，每个孩子出生时，其智力和能力差别并不大。那么，为什么有的孩子能积极创新、思维活跃，而有的孩子却懒于创新、自甘落后呢?

这虽然与女孩的某些天性有关，但更为重要的是父母的后天培养。女孩往往更容易屈从父母的意愿，在现实生活中，女孩的积极进取之心如果得不到有效的引导，就极有可能毁于一旦。

一位小学五年级的女孩帮妈妈做卫生，不但没有得到表扬，妈妈还皱着眉给她泼冷水：“你怎么擦的？这么脏还不如不擦。”接下来，凡是她帮忙打扫的地方，妈妈都视而不见地重新去打扫一遍。

一个小女孩想参加学校课外书法小组，父亲却以语文未考100分为由而一口回绝，并且斥责道：“你把学习搞好就行了，练什么书法？学习这么紧，哪有闲工夫去学什么字?

在第一个例子中，孩子想帮着打扫卫生，说明她渴望锻炼、愿意分担父母的辛劳，是好事，但妈妈直白的言行却打击了孩子的积极性。可以想象，当孩子受到妈妈的打击后，势必对自己的能力产生怀疑，不仅不会再帮妈妈打扫卫生，也失去了积极主动做事的自信心。

在第二个例子中，书法是女孩的兴趣所在，而爸爸却“以成绩论成败”，不仅严厉地拒绝了她的请求，而且还说了一些伤害孩子自尊的话。当自尊心受到伤害、兴趣爱好受到打击，孩子的积极进取之心又如何能培养起来呢？

综合两个事例可以看出，父母的指责和不认同，往往对孩子个性的形成有着不可估量的作用。所以，要想让孩子拥有上进之心，父母一定要放弃指责，多一些鼓励，多一些赞赏；放弃不认同，多一些支持，多一些帮助！

专家给您支招

女孩是否拥有上进心，比智力或学业成绩更能准确地预测她们未来的成就。因此，父母在日常生活中应有意识地鼓励、激发孩子的积极进取之心。

1. 给孩子一个积极的肯定

女孩往往更重视父母对自己的评价。当她得到的是赞扬而非指责、是肯定而非否定，她就会对自己的能力充满信心，进而在学习和生活中更积极地表现自己。

同时，父母真诚的肯定和鼓励，是孩子积极进取的力量源泉。因此，在孩子的人生旅途上，她每走一步，家长都要给予她积极的肯定和鼓励。

比如，孩子某次成绩没有考好，父母不要只是批评孩子，而是应恰当地鼓励孩子：“这次考的总成绩虽然不好，但是语文考得很棒。以后多在数学上下工夫，我相信你下次一定能前进两名。”也许正是由于父母的鼓励，孩子下次考试时便真的会前进好几名。长期如此，孩子就会因为每次一点点的进步，越来越有自信和成就感，从而变得更加积极进取。

2. 先让孩子往下比，再让孩子往上比

鼓励孩子往下比，她才能真正地体验成功、找到信心。而当孩子拥有了成功者的心态后，再巧妙地运用“激将法”，引导孩子往上比，就能激发和增强孩子向上的动力。

培养女孩的自主意识

受传统教育观念的影响，女孩的父母最大的希望就是，自己的孩子要“听话”、要“乖”。他们对孩子说得最多的一句话也是：“宝贝，要听妈妈（爸爸）的话。”

可是，当孩子乖巧听话地在和同伴玩耍时，父母又是否注意到孩子在玩游戏的时候是跟在伙伴后面玩，还是组织伙伴玩游戏呢？是毫无创意地附和他人，还是喜欢开辟一些新玩法呢？

而前者正是孩子缺乏主见的最直接表现。无数事实证明，一个缺乏主见的女孩，不仅不能很好地安排自己的学习和生活，还会失去应有的思考力、判断力。当她长大之后，问题更是会层出不穷：上什么学校、找什么样的男朋友、做什么样的工作等，统统需要父母帮她选择。

可以想象，一个女孩如果长大了还是只会听话、被动、等着别人帮她做决定或做事情，那她进入社会后就算不被欺负，也不会被重视。如此，又何谈在复杂、多变的社会里生存、竞争、成功呢？

因此，父母必须从自身做起、从日常小事做起，逐渐培养孩子的自主意识。

对于女孩来说，乖巧听话与有主见并不是截然对立的。只要父母方法得当，小女孩在成为乖女儿的同时，更会成为一个颇具智慧的“小女性”。

这样的孩子在面临选择时，会保持清醒的头脑，不人云亦云、优柔寡断，有自己的思考和判断。这样，就可以有效避免或减少成长过程中不必要的损失或失败。那么，父母应如何培养女孩的自主意识呢?

1. 用正确的词汇评价孩子

针对有些父母使用词语不恰当的问题，下面推荐两种评价技巧:

（1）改变评价孩子的价值标准

当父母想用“听话”称赞孩子的时候，不妨根据实际情况选用别的语汇。比如，将“你这么快就把饭吃完了，真听话。”改为“你这么快把饭吃完了，你真棒！”

当父母想用“不听话”训斥孩子的时候，也应选用其他语汇。比如，将“我让你把玩具收拾好的，你怎么不听话？”改为“如果你能收拾好玩具，你一定会变得越来越能干！”

（2）使用具体的评价语言

当孩子画了一幅充满童趣的画，千万不要随口夸奖：“好，你画得真棒！”这样，孩子往往不知道自己棒在何处。此时，父母应仔细观察孩子画中的可取之处，再进行表扬，如“颜色搭配得很好看”、“你新加进去了蓝色”等。这样，才不至于让孩子太依赖成人，也能避免她因过于在意别人的看法而失去自己的主见。

此外，具体的评价应表现在生活的各个方面。例如，当孩子做了一件力所能及的事时，要夸她能干；图书没有撕破，要夸她认真细心；孩子和他人相处融洽，要夸她有礼貌。

2. 给孩子更多做主的机会

要想培养孩子有主见的个性，父母应该给孩子提供更多自己做主的机会。

（1）吃得自主。在不影响孩子饮食均衡的情况下，父母可以让孩子自己选择吃什么。

（2）穿得自主。带孩子外出玩耍时，在保证安全的前提下，可以让孩子自己决定穿什么衣服，切忌随自己喜好而不顾孩子的感受。

（3）玩得自主。父母可让孩子自己选择玩具和玩的方法，这样做可以极大满足孩子的自主意识，帮助她成为一个有主见的人。

培养女孩自立自强的精神

一个人的成功，离不开自立自强的品性和奋斗精神。可现今大多数独生子女，在父母过分的呵护和娇惯之下，非常缺乏自立自强的意识，尤其是一些独生女孩，更是在父母“女儿要富养”的观念下长成了一个娇生惯养、什么也不会做的“娇小姐”。本来孩子可以自己做的事情，父母都替她做了。孩子想自己动手吃饭，父母怕孩子吃不饱，又嫌孩子总是把饭撒到桌子上，就不允许孩子自己吃，而要一口一口地喂她；孩子想自己穿衣服，父母嫌太慢了耽误时间也坚决拒绝；孩子想出去和小朋友玩一会儿，父母又担心她受伤而一口回绝？于是乎，这也不能干，那也有危险，禁止孩子接触任何新鲜事物，从而限制了孩子的主动性，一切听从家长的安排。慢慢地，孩子不知道自己应该做什么，不知怎样去做，也不敢去做，事事畏首畏尾，对任何活动都缺乏主动，意志不坚强，缺乏独立性。这样的孩子将来走上社会，怎么可能成功呢？

常言说，温室中长不出参天大树。当今社会是开放竞争的社会，每个人都要在激烈的竞争中求生存，谋发展。

因此，父母一定要培养孩子自立自强的精神，引导她学会独立地解决困难，找寻办法，学会在缺少旁人帮助的情况下，自己努力创造条件。只有成为自强自立的女性，才能适应时代对女性的新的发展要求，在诸多领域更加充分地发挥自己的能力。

要想让孩子成为新世纪全面发展的人才，成为自立自强的小女性，父母

可参考以下几点：

1. 允许孩子自己安排作业和课余时间

从孩子小的时候起，父母就应该在各方面，尤其是学习上给予孩子更大的自主权，例如什么时候写作业，什么时候预习和复习，早上几点起来，起来要先做什么，等等。在这些问题上，父母和孩子不仅能够进一步增强沟通，还可以适当发挥孩子的主动权，让她意识到，自己可以自主安排自己的时间和生活，从而对学习更加负责和认真。

可能开始的时候，孩子大部分的决定还是依赖父母，但是随着她年龄的增长，慢慢地，她会更有想法和更有意识地做出决定，基本上能够独自做主地决定自己的生活，自然也就变得更加独立自强。

2. 适时适当地给予孩子帮助

通常来说，孩子一遇到困难或者发现问题，总是第一时间向父母请求支援。这是，父母的反应就显得尤其重要。有些父母不分情况地替代孩子解决困难，使孩子产生了严重的依赖心理，不能够独自面对困难。正确的做法是，首先询问事情的经过，分析困难的程度，如果在孩子独立解决的范围之内，对她进行耐心抚慰，鼓励她自主解决。如果孩子不能自己解决，父母应该和孩子一起分析困难，在解决过程中充当引导者的角色，一步一步地引导，并加以示范，孩子以后再遇到类似的困难，就交给她自己去解决。

3. 父母的安慰要有限度

宠溺常常是造成孩子不能自立自强的重要原因，父母的爱可以理解，但是过分的宠溺却会阻碍孩子的成长。所以，当孩子遭受某种打击时，父母应把重点放在帮孩子分析失败的原因，而不是怨天尤人，加重孩子悲伤的心情。在帮助孩子冷静下来之后，让她自己去反思，这样留给她的印象将更加深刻。

引导女孩树立正确的价值取向

人生观是关于人生目的、态度、价值和理想的根本观点。它主要回答什么是人生、人生的意义、怎样实现人生的价值等问题，具体表现为苦乐观、荣辱观、生死观等。人生观通过人们的行为取向及对事物的评价、态度反映出来，是世界观的核心，是驱使人们行为的内部动力。它支配和调节一切社会行为，涉及社会生活的各个领域。

价值观是人们对社会存在的反映。人生观和价值观对于人才发展的方向起着重要的指导作用，当然也就成为培养优秀女孩所不能忽视的一个方面。

尚处于成长初期的女孩，刚刚接触社会难免会有一种陌生感和距离感，对是非正误的判断尚显稚嫩，也比较容易受到社会上各种复杂思想的干扰，在这方面，父母一定要帮助对她树立正确的人生观和价值观，教育她明辨是非，以便在关键时刻做出正确的决定。

专家给您支招

一个人的人生之路怎么走，直接受其人生观、价值观的支配，有什么样的人生价值观，就有什么样的人生；拥有正确的人生价值观，就能走出光辉、幸福、有意义的人生；而错误的人生观，则会让人走向苦恼、扭曲的人生。因此，引导孩子树立正确的人生价值观，对她走完漫漫人生路十分重要。父母可从以下几方面入手：

1. 引导孩子关注社会生活与环境变化

父母可以和孩子每天一起收听新闻，看报纸，了解国内外的重大时事，通过这些信息，孩子会逐步开始接触世界，慢慢学会区分不同事件的性质，这时，父母在旁边建议，给予正确的引导，就会对孩子人生观和世界观的初步形成产生直接影响。

2. 帮助孩子形成对弱势群体的同情

在初步对世界有了了解之后，就应该具体地关注某个事件本身，同情弱者就是其中的一个方面。培养孩子的爱心和同情心，帮助她从感恩、悲天悯人的角度去看待这个世上的不幸，有利于孩子的健康成长以及未来的发展。

3. 帮助孩子正确看待社会负面的事件

不可避免的，孩子在接触社会的过程中，会逐渐发现社会阴暗的一面。这时，父母不要以为只要掩盖真相就可以解决问题，毕竟将来还会不断地出现类似的事情。这时，大方正面地向孩子解释这些问题产生的社会根源、带来的不良影响以及未来可能的演变趋势，不仅要让孩子知道问题的严重性，更要强调面对这些阴暗面应有的正确态度和方法，这样，负面事件才有可能带来好的教育效果。

4. 培养孩子的责任感

鼓励孩子承担其社会责任，有助于她更好地融入社会，也有利于她的人格全面发展。

第四章　培养女孩的平和心态

“竹影扫阶尘不动，月轮穿沼水无痕，水流任急境常静，花落虽频意自闲。”的确，对一个女孩来说，温柔优雅、心态平和要远远超过权势、财富和名利的意义，因此，不管遇到什么困难，父母都应让女孩保持一种平和的心态。

引导女孩时刻保持乐观

生活中，没有谁的人生是一帆风顺的，但只要努力就有精彩！遇到任何事情都要乐观对待，时刻保持一颗平常心。与男孩相比，敏感的女孩往往更易陷入悲观的情绪中。父母的批评、他人的嘲笑，很容易让女孩产生自卑心理，不能以阳光心态面对生活；女孩更重视自己与他人的关系，如果不能得到父母更多的爱、他人更多的关注，她往往会因此而郁郁寡欢、闷闷不乐；天性敏感的女孩，更像是一朵娇弱的小花，一点点负面的“风吹雨打”都可能让她从此陷入悲观之中。

因此，在情绪控制方面，父母要给孩子做好表率，时常展现自己对事物现象乐观豁达的一面，这种乐观情绪会不自觉地影响孩子对事物的看法。父母应牢记这样一个真理：乐观是女孩拥有的最大魅力，远比聪明漂亮更重要。

开朗乐观既是一种心理状态，也是一种性格品质。调查显示，开朗乐观的人不仅较为健康，而且婚姻生活较为幸福，事业也较易获得成功。为了让孩子将来能够幸福、快乐，父母应对孩子进行正确而积极的引导。

1．让孩子免受消极情绪的影响

父母有时也会愁苦不堪，也会大光其火，也会伤心哭泣，但这种情绪应尽量避开孩子发泄。如果父母过早地让孩子幼小的心灵体验到忧伤、惊恐、冷漠、愁苦等负面情绪，孩子势必不会以乐观的心态面对未来的生活。

小宇的父母都是公务员，由于每天工作烦琐而忙碌，他们回到家总是不停地抱怨：“工作太忙了，我都快累死了。”平时，他们还总是对小宇说：

“不好好学习，将来吃饭都难。”

“你看父母养你多不容易，每天起早摸黑的，还得看领导的脸色。”

在这样的环境中，小宇从小就学会了唉声叹气：“学习太苦了，我都快累死了。”“人活着真累，活着真没意思。”

可以想象，当孩子成长在这样一个充满消极情绪的家庭中，又怎会形成乐观的个性呢？

2. 及时排除不良情绪对孩子的干扰

当孩子遭遇困境时，父母要多留意她的情绪变化。如果孩子闷闷不乐，父母无论多忙，也要挤出一点时间和她交谈，指导她排除心理障碍，使悲观情绪、不良情感及时得到化解。

小欣从学校回来后，情绪一直不对劲，爸爸决定找她谈一谈。

“宝贝女儿，今天学校有什么高兴的事呀？”

“没有高兴事，但是有伤心事。”小欣不高兴地回答。

“什么伤心事，能告诉爸爸吗？”爸爸问道。

“今天老师让同学们选一个人当班长，只有少数的几个人选了我！”小欣伤心地说。

“我们要尊重大家的选择。如果你这段时间好好表现自己，下学期不要说班长，而且还会被评为三好学生呢，你说是不是？”爸爸安慰道。

“嗯，好像是。”小欣同意了爸爸的看法。

只要孩子愿意沟通，父母便应引导她把心中的烦恼说出来。这样，烦恼很快就会消失，孩子也会很快恢复快乐。

帮助女孩学会冷静思考

冲动的情绪其实是最无力的情绪，也是最具破坏性的情绪。生活中，很多人会在情绪冲动时做出令自己后悔不已的事情来。青春期的女孩是颗不定时炸弹，说不定什么时候就会突然爆炸。通过“爆炸”来发泄自己的坏脾气，对女孩性格的培养以及心理的健康发展，都是十分不利的。所以，父母应该教会孩子控制自己的情绪，在冲动的时候快速让自己冷静下来。

以下方法可供父母们参考：

1. 体谅并接纳孩子的情绪

青春期的女孩强烈需要别人的理解和接纳，当别人不会认为她的情绪莫名其妙，而是体谅并接纳她的情绪时，她心中的怒气就会消减一大半，如此一来，她就会快速恢复冷静，回归理智。

2. 待孩子冲动的情绪平息后，带领孩子冷静思考

只有冷静下来，孩子才能看到自己的坏情绪给自己和他人造成的危害。等孩子冲动的情绪过去之后，父母可帮助她回忆自己当时的所作所为，让她正视冲动的后果，对自己的行为负责。长此以往，孩子自然会养成遇事冷静思考、不冲动的好习惯。

磨练女孩的坚强意志

人生之路不会一帆风顺，我们会遇上顺境，也会遇上逆境。其实，在所有成功路上折磨你的种种困难，背后都隐藏着激励你奋发向上的动机。换句话说，想要成功的人，都必须懂得如何将别人对自己的折磨，转化成一种让自己克服挫折的磨练，这样的磨练将使人成长、茁壮。

作为父母，更要注意让孩子在挫折和困难的磨练中学会坚强，只有这样，孩子才能在今后的人生道路上走得更好。

父母应该怎样矫正女孩容易哭泣的性格，让她在困境的磨练中坚强起来呢？

1. 支持爱哭泣的孩子大胆地做事

父母教育孩子，一是在孩子未成熟期加以保护，此种保护应该随着孩子的发育成长越来越少。否则，当孩子独自面对生活的时候，她就会手足无措，哭哭啼啼。

2. 培养孩子独立生活、适应社会的能力

风风雨雨是生活的必然，遇到困境在所难免。父母不能永远守在孩子身边保护她。为了让孩子具备独自生活的能力，父母可以适当给孩子制造一些锻炼的机会。比如让她挑战自己、应对陌生人、完成某些任务等。锻炼多了，经验也就丰富了，再面对困难的时候，孩子就学会了坚强。

帮助女孩克服懒惰心理

懒惰是一种心理上的厌倦情绪，其表现形式多种多样，包括极端的懒散状态和轻微的犹豫不决。生气、羞怯、嫉妒、嫌恶等都会引起懒惰，使人无法按照自己的愿望进行活动。尤其是当今的独生子女，几个成人爱护着一个孩子，这种环境下成长的孩子往往会具有懒惰的习惯。对于这一点，很多父母都深有体会：

“真不知我女儿怎么变得这么懒，在家的时候什么事情都不做。平时她在家从不做家务活，有一次我生病，让女儿帮我洗碗，可她却说等我病好了再洗。”一位妈妈伤心地说。

一位爸爸也摇头叹息道：“我女儿更可气。我以前总是给她辅导功课，女儿不懂的地方都问我。所以现在，她一遇到不会做的题目就问我，其实很多题目并不难，但她就是懒得动脑筋想。”

“我那乖孙女也是一个懒孩子。以前她刚上小学的时候，我怕她累着，总是帮她整理书包、背书包。可是现在，她已经读小学四年级了，还是让我帮她整理书包，上学放学时也是让我给她背书包。”一位奶奶也苦兮兮地说。

从这些父母及长辈的倾诉中，可以看出他们对孩子懒惰的行为感到伤心，同时对孩子时懒惰也无可奈何。

难道孩子天生就是个懒惰之人吗？其实不然。孩子之所以如此，与父母的教育方式有着直接关系。下面这个故事或许能给你一些启发：

有个女孩经过十几年的寒窗苦读，终于考上了名牌大学，然而开学没几天，这个女孩却“不辞而别”回家了。她的父亲只好千里迢迢到大学给她办理退学手续，谁能想到退学的原因竟然是她独自一人无法适应学校生活。原来，女孩从小就被父母娇宠，生活上的事情都是由父母包办代劳，导致她自理能力很差，到了学校不会洗衣服，不会收拾床铺，更懒得打扫宿舍卫生。这些自然也遭到了舍友们的反对，在多重压力下她只好选择退学。

父母事事包办，不仅不利于培养孩子的独立能力，还会扼杀孩子的自理能力、生存能力，为其自卑、懒惰、无能埋下隐患。

研究表明，每个孩子都有动手表现的欲望，但父母总是怕他们受伤受累而事事包办。父母这种过分的呵护和疼爱，无形之中剥夺了孩子自己动手做事的权利，使她在不知不觉中养成了懒惰的坏习惯。

父母越勤劳，孩子越懒惰，这并非危言耸听。正如很多事情都是相互制约、相互影响的，父母过于勤劳，处处包办、事事代替，孩子失去了动手的机会，自然就会变得懒惰。

卢梭曾经告诫父母们："你想让孩子成为低能儿吗？办法只有一个：停止无休止的包办。"父母少替孩子做点事，并不会累着她，反而可以让她在动手做事的过程中养成勤奋的好习惯，体验到成长的快乐。

专家给您支招

现实生活中，很多父母并没有真正明白女孩变懒的形成原因，看到孩子变懒了，便苦口婆心地劝说孩子，结果磨破了嘴皮也没取得什么效果。其实，父母只要改掉事事包办的不良教育方式，加上适当的引导与培养，就能让孩子告别懒惰，变得勤快起来。

1. 尊重孩子的独立意识

孩子懒惰，其实是从对父母的依赖开始的。孩子刚开始具有独立意识时，父母却置之不理、包办代替，使得孩子对父母产生了依赖，当这种依赖发展到一定程度后，孩子就养成了懒惰的坏习惯。所以，父母应该从小尊重孩子的独立意识，适当给她一些尝试的机会，让她自己解决问题。下面这位妈妈的做法值得每一位父母效仿：

我欣喜地发现，3岁半的女儿已经有了独立意识。当我给她倒水喝的时候，女儿会一边喊："让我自己倒，让我自己倒！"一边抓着小杯子跑到饮水机前自己倒水。由于水灌得太满，女儿没有抓紧，水杯掉到地上，水洒了一地。她知道自己做错了事，便扑进我的怀里，对我说："妈妈我把水弄洒了，我以后不敢了。"

随着女儿逐渐长大，她的自主意识也越来越强：吃饭的时候她会说"让我自己吃"，早上起床后她会说"让我自己穿衣服"。虽然女儿吃饭的时候会弄得满地都是饭菜，穿衣服的时候也经常把衣服穿得一团糟，但是我并没有为了干净、省事而制止女儿的尝试。我知道，女儿做事的过程，也是她成长的过程。这是她独立意识的萌芽，也是她求知欲的表现。虽然她不一定能把事情做好，但是有了这些体验，她就能得到提高，就会成长。

如果父母总是包揽孩子的一切，那么她永远也不会长大。所以，当孩子提出"自己来"的要求时，父母一定不要为了省事、省时而盲目地打击她的积极性，而要像这位妈妈那样，给孩子信任和鼓励，给她学习和成长的机会，这样才能把孩子的懒惰消灭在萌芽状态。

2. 孩子力所能及的事，父母不要包办

我们知道，孩子的成长不仅包括身体的成长，还有心理的成长和生活技能的提高。父母如果总是对孩子百般呵护、包办代替，她不仅成不了生活中的强者，还会成为父母的负担。

孩子需要成长的空间，她自己能做的事情，父母不要代劳，而要让她自己做，如穿衣、吃饭、收拾书包、整理房间等。这样女孩才能在一次次的尝试中收获成长的快乐，养成勤奋的好习惯。

3. 有意识地使娇气、懒惰的孩子得到锻炼

对于已经养成懒惰习惯的孩子，父母更要及早改掉事事包办、代劳的教育方式，有意识地使其得到锻炼，纠正其懒惰的毛病。

以前，燕子是个非常懒惰的孩子。因为妈妈是个非常勤快的人，燕子从小到大几乎没有做过家务，唯一一次做家务还是在妈妈的帮助下完成的。在妈妈的全力照顾下，燕子变得越来越懒，什么事情都不愿动手，总是求妈妈代劳。

一次，燕子下午放学，把中午的饭原封不动地带回家。妈妈问她为什么没有吃，燕子说："还不是因为你，吃饭没有筷子能行吗？只给我准备饭，却不给我装上筷子，我怎么吃呀？"听完燕子的抱怨，妈妈不由得叹息了：唉，平时都是我把筷子放到她手里，可是也不能因为没有筷子就吃不成饭呀……

妈妈终于意识到自己以前包办太多了，燕子才会变成这样。从这以后，妈妈开始有意识地锻炼燕子，给她动手的机会。例如，帮燕子拾书包的时候，妈妈会把学习用品分类整理好，然后让燕子自己去扫尾；吃饭的时候，妈妈会把碗筷摆好，然后让燕子自己去盛饭。

虽然刚开始燕子并不情愿做这些事情，但是久而久之，她在妈妈"狠心"的教育下也只好动手了。妈妈见时机成熟，又给她提高了劳动强度，让她做些力所能及的家务活。

在"治懒"方面，燕子的妈妈做得非常好。虽然刚开始妈妈也是陷入了包办代替的误区，但是燕子懒惰的表现让妈妈意识到了不良教育的后果，于是及时转变教育方针，有意识地提供机会锻炼燕子的动手能力。相信在妈妈的教育下，燕子一定会变得越来越勤快。

俗话说，养女是福，但是为了避免不良的教育方式使得"养女防老"变为"养女养到老"，父母一定要摈弃事事包办、代替的方法，培养孩子勤于做事的习惯。

帮助女孩学会主宰情绪

情绪是人对事物的一种最直观、最直白的情感反应。它最容易反映人的心理状态，也最能影响人的身心健康。它往往只从维护情感主体的自尊和利益出发，不对事物做复杂、深远和智谋的考虑，这样的结果，常使我们处在很不利的位置或为他人所利用。

生活中经常会遇到这样或那样的不快，情绪有时就像大海上的小舟，巨浪打来时可能会被淹没，风平浪静或一帆风顺时可能会事半功倍，所以我们要学会驾驭这一叶小舟，不能成为情绪的奴隶。不要让情绪左右、支配我们，而是要用我们的思想去主宰情绪。

有这样一则寓言故事：

从前有一位国王，他有7个女儿，这7位美丽的公主是国王的骄傲，尤其美丽的是她们那一头乌黑亮丽的长发。

为了让她们的长发更加美丽，国王送给她们每人100个漂亮的发夹。

有一天早上，大公主醒来，一如往常地用发夹整理她的秀发，却发现少了一个发夹，于是偷偷地到了二公主的房里，拿走了一个发夹。

二公主发现少了一个发夹，便到三公主的房里拿走一个发夹；三公主发现少了一个发夹，也偷偷地拿走四公主的一个发夹；四公主如法炮制，拿走了五公主的发夹；五公主也拿走六公主的发夹；六公主只好拿走七公主的发夹。于是，七公主的发夹只剩下99个。

隔天，邻国英俊的王子忽然来到皇宫，对国王说：“昨天我养的百灵鸟叼回了一个发夹，我想这一定是属于公主们的，这真是一种奇妙的缘分，不晓得是哪位公主掉了发夹？”

其他公主听到了这件事，心里都在想："是我掉的，是我掉的。"可她们头上明明完整地别着100个发夹，所以她们都懊恼得很。

这个时候，七公主走出来说："我掉了一个发夹。"

话才说完，她那一头漂亮的长发因为少了一个发夹，全部披散了下来，王子不由得看呆了。

故事的结局，当然是王子与公主从此一起过着幸福快乐的日子。

100个发夹，就像是完美圆满的人生，少了一个发夹，这个圆满就有了缺憾。面对人生的缺憾，有的孩子沉浸在失落的情绪中不能自拔，不明白正因为缺憾，未来才有了无限的转机，无限的可能性，有缺憾又何尝不是一件值得高兴的事呢！

陷入失落的女孩，看不到生活中的美好，自然不利于其健康成长。

其实，对抗失落的最佳武器，就是积极乐观。加利福尼亚大学的研究人员发现，快乐的女孩更容易获得事业成功。该研究科目的带头人索尼亚说："导致这种现象的原因很可能是快乐的女孩经常会有积极的情绪，这种情绪能够激励她们更主动地工作，接受新的知识。当她们觉得快乐的时候，会觉得很自信、乐观、精力充沛，这样会使她们更有亲和力。"

从心理学的角度来说，这个研究结果是有道理的。具有良好心理状态的女孩，能够更好地把有限的心理能量投入到外界建设性的事务中去，能够更自然地开展工作，更大地释放自己的潜能，提高工作效率，这对于取得成功是相当重要的资源。而那些不快乐的女孩，失落的情绪会降低工作效率，而消极情绪背后的心理冲突常常会大量消耗有限的心理资源。

要想帮助失落的孩子找回积极的情绪，父母可以这样做：

1. 鼓励与赞美，帮助孩子实现自我肯定

失落的情绪总是来源于失败。失败的打击会让承受能力差的孩子感到不

堪重负，无法面对，只好逃避。这个时候，如果父母不弄清楚孩子失落的原因，反而对她的消极一味指责，将使她的情绪更加恶化，甚至引发不良后果。

2. 让孩子获得快乐

快乐的心情能够给人带来积极的情绪。如何让孩子获得快乐呢？其实很简单，就是将孩子带出她为自己设置的牢笼。大自然的美丽、运动的激情、劳动的充实、成功的喜悦，都能够让她感受到快乐。

理解女孩的叛逆心理

进入青春期后，女孩在生理上发生了很大变化，身体逐渐开始发育成熟，然而近年来，青春期仿佛提前到来，生理上的成熟并没有带来心理上的成熟，不少女孩在青春期早早就出现了叛逆心理。

其实，叛逆是每个青春期孩子的共同特点，是孩子走向成熟的标志。孩子多少都会有些叛逆，但不同的孩子表现的叛逆程度不同，有的叛逆让你觉得她长大了，有的叛逆让你觉得她已经失去了掌控。

作为父母，对于出现过错或性失误的女孩要及早察觉，给予理解和帮助，不可歧视、排斥或惩罚；不要求全责备，而应认真反思。

父母要给予孩子更多的关心和爱护，多和孩子交流沟通，这样才能让她健康成长，具体方法如下：

1. 父母不要管得太多

孩子长大了，就会变得有主见，有思想，不再是一只温顺的小猫，她开始接触世界，而她此时所接受的教育足以让她初步规划出自己的目标，形成自己的个性。她知道自己想做什么、不想做什么、喜欢什么，讨厌什么。当父母再以成人的理念和标准来要求她时，便会产生碰撞。所以，有时候父母对孩子的事情不要管得太多，过分的关注只会引起孩子的反感。

2. 及时沟通，增进情感交流

情感交流是人类的本能需求。当父母发现孩子的兴趣会影响功课，或者犯一些小错误时，不要立即禁止，最好多了解情况。只有进入孩子的内心世界，才能相处得更融洽。当父母与孩子相处融洽了，孩子自然就不会反叛了。

3. 给予孩子更多的理解

“我这是为她好，孩子为什么就不能理解？”相信很多父母都会有这样的苦恼，自己把所有的爱都给了孩子，结果不但得不到孩子的理解，反而让孩子更加叛逆。

这是因为，父母一味将自己沉重的爱强加在孩子身上，殊不知孩子根本承受不起，因而对父母的爱“不领情”。其实，孩子需要的可能只是父母一个温柔的拥抱，一个鼓励的眼神，或是一句温暖的话语。

帮助女孩学会感知幸福

在将近50年的时光中，彼纪儿·戴尔只有一只眼睛，并且眼睛上满是疤痕，看东西时只能透过眼睛左边的一个小洞去看。看书时她必须把书本拿得很贴近脸，近到眼睫毛都碰到书本上，而且不得不把另一只眼睛尽量往左边斜过去。

尽管如此，她并没有自卑和抱怨，她有着极强的自尊心，不愿意看到别人对她的怜悯和同情。小时候，她想和其他孩子一起玩跳房子，可是她看不见地上所画的线，于是就等其他孩子都回家以后，趴在地上，把眼睛贴在线上瞄来瞄去，把那块地方的每一点都牢记在心，不久她就成为玩游戏的高手了。

凭借自己的坚强和努力，她先后在明尼苏达州州立大学和哥伦比亚大学拿到了学士学位和硕士学位。

后来，她成为南德可塔州奥格塔那学院的新闻学和文学教授。她在那里教书教了3年，还在电台主持谈书和作者的节目。

命运在她52岁的时候发生了变化。她在著名的梅育诊所进行了一次手术，视力因此提高了40倍，展现在她眼前的是一个令人兴奋的、可爱的、全新的世界。

她对这个多姿多彩的世界充满了新奇和感激，即使是在厨房里洗碟子，她也会觉得很开心。她像个孩子似的玩弄洗碗盆里的泡沫，抓起泡沫，迎着光举起来，在每一个泡沫里，她都能看到一道美丽的彩虹。

生活中的痛楚不可避免，但是，如果我们无限放大这些痛苦，反而不会去珍惜已经拥有的快乐。坦然面对，迎向一切的不可能的戴尔，正是所有孩子懂得学会满足，学会发现生活的美好，找寻快乐的真谛的榜样。

生活中的风雨和变幻莫测，不知让多少孩子活在自暴自弃的边缘，由于内心世界的晦暗，原本美好的生活在他们的眼中变得死气沉沉、毫无希望。用心去感受可爱的世界吧，只要善于发现，只要拥有阳光的心态，即使是在晦暗中，我们也能像洗碗盆中的泡沫一样拥有彩虹的绚烂。生活中，父母可从以下几个方面入手，帮助孩子学会满足、学会感知幸福：

1. 帮助孩子发现自己的优点

每个女孩在这个世界上都是独一无二的。相貌平庸的女孩常常具备出众的才华；资质平平的女孩往往拥有一颗善良仁爱的心，每个女孩都可以找到自己的闪光之处。当孩子为某些事情而伤感的时候，父母可以帮助她看到自己的不平凡之处，让她感觉到自己生命的独特意义，感受到生活的美好。

2. 帮助孩子发现生活中的美好

罗丹说过：生活中从不缺少美，而是缺少发现美的眼睛。大部分女孩都是完美主义者，也正因为如此，女孩的不如意较之男孩要多出许多，所以，不开心、不快乐总伴随着她们。

对此，父母应让孩子明白，其实生活中有许多值得我们高兴与欣赏的事情，只要我们转换思维，善于发现生活中美好的事情，快乐便会围绕在我们身边。

引导女孩坦然面对挫折

生活中，我们难免会遭受各种困难与挫折，孩子也一样，困难与挫折是他们必经的路途之一。敢于正视失败，敢于拼搏，才能采摘到成功的鲜花。人生就像奔流的大海，没有岛屿和暗礁，就难以激起美丽的浪花。输了，把失败作为动力！即使生活有一千个理由让你哭泣，也要拿出一万个理由笑对人生。“不管风吹雨打，胜似闲庭信步。”只有坦然面对生活中的不如意，才能保持一个平衡的心态，才能凭着自己破釜沉舟的斗志风雨兼程，才能凭着“可上九天揽明月，可下五洋捉鳖”的豪情勇往直前。

专家给您支招

遇到了困难并不可怕，重要的是以什么心态去面对。对生活始终充满希望，不畏惧困难，坚信明天会更美好，无疑是最佳的心态，这就要求父母这样去要求孩子：

1. 让孩子走出“保护圈”

父母要让孩子走出家长的“保护圈”，不要怕她摔着、碰着、饿着、累着，切不可把她成长过程中的困难统统解决掉，否则当她将来面对挫折时，将无所适从。

2. 让孩子在失败中看到成功的希望

挫折对每个孩子来说既是坏事也是好事，把握好了，它能让孩子走向成熟；把握不好，可能使孩子走向沉沦。当孩子遭受挫折时，父母要通过一个个成功的事例让孩子认识到，一个人在遭受挫折后，只要不放弃、不气馁，及时从失败中总结经验教训，就能反败为胜，重新看到胜利的曙光。

第五章　培养女孩的良好习惯

习惯是一种长期形成的思维方式、处世态度，它是由一再重复的思想行为形成的，具有很强的惯性，就像不断转动的车轮一样。也就是说行为形成习惯，习惯决定品质，品质决定命运。因此，父母从小就应培养女孩良好的习惯，使其终身受益。

培养女孩珍惜时间的习惯

每个人都是在时间的长河里开始人生的旅途，每个人的生命都是在时间中发展的。谁能够把握时间，谁就会利用时间，谁就最早接近成功的终点。

著名的物理学家爱因斯坦认为：人与人之间的最大区别就在于如何利用时间。当我们出生时，世界送给我们最好的礼物就是时间。不论对穷人还是富人，这份礼物是如此公平：一天24小时。我们每一个人都用它投资来经营自己的生命。有的人很会经营，一分钟变成两分钟、一小时变成两小时、一天变成两天……他用上天赐予的时间做了很多的事，最终换来了成功。

不仅爱因斯坦，许多功成名就者都有珍惜时间的好习惯。因为在他们看来，珍惜时间就是珍惜生命。

法国著名科普作家凡尔纳就是一个十分珍惜时间的人，一般情况下，他每天早上5点起床，一直伏案写到晚上8点，除了在吃饭时休息一会儿，一天中很少休息。当妻子来送饭时，他总是先搓搓酸胀的手，然后拿起刀叉，很快填饱肚子，抹抹嘴又拿起了笔。

他的妻子见他这么累，就劝他说："你写的书已不少了，慢点写不可以吗？"凡尔纳对妻子笑笑说："你记得莎士比亚的名言吗？放弃时间的人，时间也放弃他。哪能不抓紧呢？"

在凡尔纳40多年的写作生涯中，他记了上万册笔记，写了104部科幻小说，共有七八百万字，真是让人难以置信！

凡尔纳之所以取得如此巨大的成就，就是因为他珍惜时间，从不浪费时间。

如今，越来越多的父母逐渐意识到，让孩子学会合理地安排时间是一个十分重要的问题。学会合理利用时间，不仅是保证孩子身心健康成长的重要条件，还是成才教育的一项基本训练。这种训练应当从小学阶段就开始进行。上小学的孩子已懂得了昨天、今天、明天，认识了年、月、日，并随着年龄的增长，时间观念不断增强，但他们还没有真正懂得“一寸光阴一寸金，寸金难买寸光阴”的道理，没有时间的紧迫感，没有学会安排和利用时间，因此，父母应帮助孩子克服淡薄的时间观念所造成的一切不良习惯，增强孩子的时间观念，培养孩子惜时、守时的良好习惯，帮助孩子合理地利用时间。

孩子从小具有了时间观念，才能养成雷厉风行的作风，干什么事都会有责任感和紧迫感。学习时能集中精力，神情专注，不丢三落四；做事时有板有眼，快捷利索，不磨磨蹭蹭。同时，能使孩子学会合理安排时间、支配时间，使自己的生活过得充实而富有意义。

你的孩子有时间观念吗？你的孩子浪费时间吗？你的孩子会利用时间吗？如果答案是否定的，身为父母的你应该运用一定的方法，帮助孩子养成合理安排时间的好习惯。以下方法可供参考：

1. 让孩子明白珍惜时间的重要性

父母要让孩子明白，珍惜时间就是珍惜生命，可以给孩子讲一些古往今来的成功人士珍惜时间的故事，还可以在孩子的卧室里张贴一些名言警句来提醒孩子。

2. 教会孩子必要的技能

父母应教会孩子一些基本技能，比如：怎样穿衣服才能穿得更快，怎样洗漱才能不浪费时间，怎样整理玩具才能取用方便，学习用品要分门归类地摆放，先复习后写作业可以节约时间，早晨醒来之后不能再恋被窝，吃饭时不能看动画片，放学回家不能边走边玩。另外，对一些动手能力较差的孩子，父母还应当增加一些针对性的特殊训练，以提高孩子的动手能力，从而节省孩子做事的时间。

3. 合理安排孩子的作息时间

良好的作息习惯是养成良好的时间观念的前提。只有把作息时间固定下来，形成习惯，孩子才能对时间有一个明确的认识，养成良好的时间观念。对此，父母可以和孩子一起制订一张作息时间表：什么时间起床，洗漱要多长时间，吃早餐要多长时间，放学后先做什么，然后做什么，几点睡觉等，让孩子对一天中的主要事项做出合理的安排。

值得注意的是，学习时间一定要固定下来。中小学生的作业一般需用一个小时左右，周末的作业量会多一些。父母应该事先与孩子商量好做作业的时间、中间休息的时间，然后按规定进行。规定孩子在一定的时间内必须学习，可以使孩子具有一定的紧迫感，集中注意力，从而提高学习效率。

4. 让孩子改掉拖拉的习惯

孩子小，没有时间观念，做事难免拖拉，这时父母不能采用发脾气的办法。因为孩子年龄虽小，但也需要得到尊重，面对父母的责备和打骂，孩子的心里感觉一定不好，可能会采取不理不睬的态度，或者干脆故意拖延时间来表示反抗。

孩子通常很在意外界的评价。如果父母能经常对孩子说“你如果再快一点就更出色了”、“真好，现在用不着老提醒你了”，孩子便会受到正面的鼓励，而这些真诚的鼓励是能够打动孩子的。为了不让父母失望，孩子下次做事就会有意识地提醒自己快一点。

解决女孩骄傲自大的习惯

巴甫洛夫说过："无论在什么时候，永远不要以为自己已经知道了一切。不管人们把你评价得多么高，你永远要有勇气对自己说：我是个毫无所知的人。"

在现代家庭中，由于受到特殊的家庭环境的影响，独生子女容易产生骄傲自大的情绪。俗话说：谦虚使人进步，骄傲使人落后。骄傲自大会对孩子的发展产生消极影响。骄傲自大的孩子往往不屑于与别人交往，心胸变得很狭窄。她们虽能取得一定的成绩，但往往只满足于眼前取得的成绩，而且看不到别人的成绩。骄傲自大的孩子很难和同学友好相处，因为不能做到平等相待，总是以高人一等的态度对待人或喜欢指挥别人。

在现实生活中，女孩往往由于学习成绩较好或者某方面有特长而经常受到表扬，久而久之，很容易滋生骄傲自负的心理。

"生命有限，知识无穷"，任何一门学问都是无穷无尽的海洋，都是无边无际的天空，所以，谁也不能够认为自己已经达到了最高境界而停步不前、趾高气扬。否则必将很快被同行赶上、被后人超越。

骄傲是一种不良的心理状态，女孩特别是聪明的女孩常常容易产生骄傲自满的情绪，父母对此应该给予积极的引导，使其心理健康发展。

1. 不要助长孩子自大的心理

不正确的比较往往容易滋长自大心理。在班集体中，若以己之长比他人之短，自然容易沾沾自喜，自以为什么地方都比别人强，因而看不起别人。为了开阔孩子的胸怀，父母应引导她走出自我的狭小圈子，带她到更广阔的地方走走，陶冶她的情操；让她了解更多历史名人的成就和才能，以丰富的知识充实头脑，变骄傲为动力。

2. 不要轻易地表扬女孩

表扬过多往往会导致孩子骄傲自满心理的产生，因此，父母千万不要一味表扬孩子，而且表扬的时候要注重表扬她的某种行为，不要表扬孩子本身——这也是表扬的一个技巧。

父母应该让孩子认识到骄傲是健康成长的绊脚石，任何成绩的取得只能是阶段性的、局部的，只能作为一个起点。在学习上，知识是无边的海洋，如果一时一事领先就忘乎所以，恰恰是知识不够、眼界不宽的表现。“满招损，谦受益”，父母应有意识地向孩子介绍一些成功者的经验，告诉她们古今中外凡是有所作为的人都是在取得成绩后仍能保持谦虚奋进的人。

3. 适时适度给孩子一点打击

金无足赤，人无完人。尽管父母希望孩子能够做到最好，但是孩子难免会出现一些不尽如人意的状况，这是正常现象。在这种情况下，父母要适时适度给孩子以打击，提醒她她还有不完备之处，还有需要改进的地方，使她保持清醒的头脑，从而远离自大。

如果孩子事事皆好，父母更要注意“打击”的作用。持续的成功容易让女孩产生自满心理，如果任其发展，她就很可能走向自大。其实，当孩子取得一系列进步的时候，正是父母施加打击的黄金时期。适当的打击可以避免孩子产生不当心理，更能给孩子设立一个继续进步的目标，让她能够持续前行。

培养女孩认真做事的习惯

生活中，有很多孩子马虎成性，而马虎的危害是相当大的，现实生活中就有很多因为小马虎而造成大危害的事情。

2005年某月，天阴沉沉的，暴风雨好像将要来临，张强要做开颅手术，刘伟要做心脏手术。他俩一起到一家医院准备手术，到医院就刚好到了两个人的手术时间，医生因昨晚太晚才休息，当时有点懵懂，把做心脏手术的调到了开颅手术那儿，把做开颅手术的调到了做心脏手术那儿。一切准备就绪后，两边同时开始了手术……第二天，两个病号身体都非常不舒服，疼痛难忍，叫来了医生进行全面的检查，这个时候才知道，原来昨天做错了手术。于是，病人家属把医院告上了法庭。

正所谓，失之毫厘，差之千里。现实生活中只有事事认真的人才能取得骄人的成就。所以我们做事必集中百分之百的精力，不得有半点马虎。

我国的理论物理学家黄祖洽五六岁时，母亲曾带着他到乡下，在乡间的茅草屋中住了一段时间。乡下的空气特别好，有小溪和广阔的天地，孩子们都很高兴。

一天，黄祖洽的母亲随口说了一句："有心栽花花不开，无心插柳柳成荫。"黄祖洽听后很纳闷，连忙问妈妈："有心栽花花不开，无心插柳柳成荫'是什么意思？为什么'无心插柳'还能'柳成荫'呢？"

妈妈告诉他："这是一句俗语，意思是柳树与花相比容易存活，你只要插一根柳条在地上，它就能长成树，成为树荫。"

黄祖洽是一个认真的孩子，听了妈妈的话，他果真找到一棵没发芽的绿柳条，将它从树上掐下来，然后插在池塘边松软的泥土里，看它到底能不能存活。黄祖洽天天跑来看，可一连几天，柳条都没有发芽。

母亲要带黄祖洽回城里办事，可他不放心自己的柳条，于是将柳条带着土抠出来，移植到房子旁边的一个大洞里，这才放心地跟着妈妈回城里去了。

过了好长一段时间，妈妈终于带着黄祖洽再次回到乡下。黄祖洽一到乡下，马上跑去看自己的柳条。柳条真的发芽了，黄祖洽非常高兴。

正是因为黄祖洽从小就对科学有着认真和执著的态度，才使他一步步走进了科学的殿堂。由此可见，培养并保护孩子坚持与认真的品质，对孩子的未来有着极其重要的影响。

在学校里，大多数教师都喜欢比较认真刻苦的孩子，有了老师的关注，孩子的成绩自然会比较好。同时，有了认真的良好习惯，孩子不但能少犯错误，到了社会上也会受到人们的夸耀。

父母有责任帮助孩子不断克服、抑制做事马虎粗心的坏习惯，养成做事认真的好习惯，这就必须从孩子小时候抓起，在日常生活中注意事事认真的习惯培养：

1. 培养孩子认真书写的习惯

写字潦草是孩子的通病。为了克服这个毛病，一是需要父母的示范作用。父母要尽力把字写得工整、美观，使孩子受到潜移默化的影响。二是对孩子的书写提出具体明确的要求——正确、整洁、美观。三是适度评价。

此外，父母要让孩子向写字好的孩子学习，对于孩子的小小进步，要及时进行表扬。这也是培养孩子认真书写的一个好方法。

2. 让孩子养成认真审题和计算的习惯

许多孩子计算出错多是由于审题不仔细，抄错数或不认真检查。所以，父母要让孩子养成认真审题、计算和检查的良好习惯。当孩子做功课时，父母须教育孩子不要忙于解题，一定要把数量关系搞清楚。当她出现错误时，不要急于问："怎么错的？为什么出错？"而是让她把这道题目的意思弄明白。如果孩子叙述不清，就让她把题再读一遍。

在计算试题时，为了避免犯错，让孩子做完习题要检查。一旦发现错误，要立即改正，久而久之，她就会养成认真检查的习惯，提高计算的正确率。

3. 锻炼孩子做小事也要认真的态度

认真与否是衡量孩子学习态度和发展前途的一个重要标准。有时，当孩子独自面对一个问题时，总会觉得自己独立完成太难，这时，她可能会求助于父母或旁人，或表现出等待、拖延和不认真的态度。这时，父母应该告诉孩子，无论做什么事，无论事大事小，都要认真去做，让孩子对每一件小事认真、负责，养成做事认真的态度和习惯。

培养女孩积极锻炼的习惯

生命在于运动，运动在于锻炼，锻炼贵在坚持，坚持就是胜利。

运动不仅可以保持健康的身体，而且还能使女人风光照人，容颜焕发。

生活中，有的女孩身材瘦小，发育不良，有的女孩则因为过于肥胖而刻意节食减肥。其实，这些发育中的女孩最应该做的就是运动。因为这个时期人体正处于生长发育阶段，此时骨骼中的有机物骨原胶比较多，钙盐的含量少，所以骨骼富有弹性，其弯曲度比成年人要强，可塑性很大，人的骨化过程一般要到20～25岁左右才能完成，所以，从儿童时期开始到骨化完成之前是塑造体型美的关键时期。

同时，在儿童少年时期肌肉尚未发育完善，肌纤维比较嫩弱，肌肉力量弹性和伸展性较差，因此容易疲劳。不正确的姿势容易导致肌肉疲劳而逐渐产生畸形，如驼背、脊柱侧弯、斜肩、歪脖子等，严重影响体型健美。

因此，在女孩16岁之前，要教育她经常参加体育锻炼，养成良好的身体姿势，为未来的成长打下良好的基础。

专家给您支招

为了培养孩子热爱运动、积极锻炼的习惯，父母可遵从如下方法和建议：

1. 给孩子创造运动的条件

父母要积极为孩子创造条件，鼓励、支持孩子参加各种体育锻炼，以增强其身体各部位的机能和适应环境的能力，增强其体质。现代都市一般居住环境比较狭窄，孩子在家里的活动空间有限。父母应适当给孩子安排一些户外活动，让她多跑跑、跳跳，参加一些体能锻炼。这样，既可以训练她敏捷的身手，又可以锻炼她的体魄和胆略。

孩子从幼儿园出来时，总希望在外面玩一会儿，这时父母不要急着把孩子带回家，应该让她做些必要的户外活动。有些住宅区周围过往的车辆很多，父母应该特别注意孩子的安全。

有时，如果为运动而运动，孩子会感到枯燥，父母可以为她配置必要用具，增加运动的兴趣性，如球类、橡皮筋。另外，为了方便运动，应该让孩子穿运动鞋和运动服。

2. 让孩子养成爱好锻炼的生活方式

3~12岁是一个人形成良好习惯的关键时期，此时孩子在生理上处于生长发育和素质发展的敏感期，可塑性大，最容易接受成人的引导与训练，正是养成自觉锻炼身体习惯的好机会。一旦错过了，随着孩子年龄的增长，由于受旧习惯的干扰，新习惯就难以形成。

3. 父母可参与孩子的运动游戏

由于许多独生子女缺少玩伴，父母不可避免要充当这一角色——当孩子的玩伴，如与孩子一起拍球、传球、单腿跳等。因为5～10岁的孩子竞争意识增加，重视行动后的结果，所以父母与孩子一起玩，可以提高其运动能力。

运动能给孩子带来无穷的活力，能够促进孩子的身体成长，同时也能够锻炼孩子的意志和品格。锻炼身体是促进身体健康的重要途径，从小训练孩子，让她自觉锻炼自己的身体，可以省却父母很多不必要的烦恼。

培养女孩注重礼仪的习惯

要想让孩子受人欢迎，拥有良好的人际关系，就得注意培养孩子的个人魅力，包括性格的魅力和外在的魅力。尽管人们一直被教导不要过于重视外在美，但事实上，漂亮、整洁、优雅大方的女孩往往能博得更多人的喜爱。

而这些外表有魅力的女孩由于受到众人的喜爱，也会逐渐变得热情活泼、亲切直率、意志坚强，能轻松地与人交谈，有包容别人的雅量，也就越来越具有性格的魅力。

这实际上是一个良性循环。因此，父母要想让孩子受人欢迎，第一步就是要培养孩子注重个人礼仪的习惯。

这并不意味着你需要为孩子的长相担忧，也不表示你得为孩子购买昂贵的名牌服装，只要让她外表干净、衣着整洁、举止得体就可以了。

1. 仪容仪表

（1）教育孩子保持仪容仪表的整洁，每天把手、脸、脖子、耳朵洗得干干净净。

（2）勤剪指甲、勤洗头、经常洗澡，保证身体没有异味。

（3）早晚刷牙，饭后漱口，注意口腔卫生。

（4）衣着要干净、整洁、合体。

2. 言谈措辞

（1）不能说脏话，更不能骂人。

（2）多使用文明礼貌用语，如“您好、谢谢、请、对不起、没关系”等。

（3）与人交谈时态度诚恳亲切，既不能沉默寡言，也不能啰嗦重复。

3. 行为举止

（1）身体直立，挺胸收腹，脚尖稍向外呈V字形。

（2）避免无精打采、耸肩塌腰，千万不能半躺半坐。

（3）走路要昂首挺胸，肩膀自然摆动，步速适中，防止八字脚摇摇晃晃或者扭捏碎步。

（4）和人见面时主动打招呼。

（5）和别人说话时专心倾听。

（6）知道何时何地适合大声说话、何时何地最好安静。

（7）鼓励孩子得到礼物后寄一张感谢卡。

（8）告诉孩子食物是用来品尝的，不是用来狼吞虎咽的。

（9）父母要以身作则，经常嘴里塞满食物还说话的孩子往往是因为他们的父母就是如此。

（10）爱护公共环境，遵守交通规则。

4. 表情神态

（1）教育孩子表现出对人的尊重、理解和善意。

（2）与人交往要面带自然微笑。

（3）千万不要出现随便剔牙、掏耳、挖鼻、搔痒、抠脚等不良习惯动作。

5. 待客礼仪

（1）家中来客人，应事先有所准备，把房间收拾整洁。

（2）学会以主人的身份招待客人。迎接客人进屋，帮助客人放衣物，请客人在合适的位置落座。

（3）问客人喝什么饮料，主动送上。

（4）客人要走时应礼貌挽留，说“您再坐一会儿”、“再喝杯茶吧”等。

（5）要送客人一段距离，说“再见”、“欢迎您再来”。

6. 做客礼仪

（1）去亲友家做客要仪表整洁，尽可能带些小礼品，以表示对主人的重视。

（2）在亲友家不能粗声大气。不经主人允许，不可随便乱动别人的东西。

（3）如果在主人家用餐，不能抢先入座，要请长辈先坐下；不能先动食物，长辈动筷后再动筷子；双肘不能放在桌子上；饭后离座前，要说“我用好了，请慢慢用”。

（4）告别时要说感谢的话，如“今天在你家玩得真开心”、“欢迎下次到我家去玩”。

生活中时时处处都需要讲究礼仪，只有这样，孩子将来才会建立起更加良好的人际关系。

培养女孩勤写日记的习惯

写日记有许多好处，它不仅可以提高孩子的书面和语言表达能力，还有利于提高孩子的综合素质，也是对其成长过程的一个记录。同时，写日记还能培养孩子的恒心和毅力。

孩子最初写日记就像最初学走路一样，总是寸步难行，需要父母在关键时刻扶一把或者拉一把。有时尽管孩子口若悬河，但到写的时候却总是无从下笔，没有东西可写，或者草草完事。这个时候就需要父母的帮助和启发，使孩子的日记丰满起来。比如，让孩子将一天中的所见所闻所感或者亲身经历的事情，选择有意义的记录下来。篇幅可长可短，结构自由，可写人物、事件，可写景状物，也可以写自己的感想或者想象。这时往往需要父母帮助孩子确定一天里哪些事情应该写进日记里，帮助孩子将日记写得流畅、有序、详略得当。

值得注意的是，孩子在写日记的过程中如果遇到困难需要父母的帮助，父母不要直接告诉孩子怎样写，而应该启发孩子自己说，尽量说，再把说的写下来，慢慢地，孩子就能自己写日记了。

如果从孩子会写字、造句开始就教他们写日记，一直让孩子坚持下去，将是一笔巨大的财富。许多优秀的教师都十分重视学生日记的写作指导，部分学生作文能力强的一个原因，就是平时勤于写日记。

那么，父母应该如何教孩子写日记呢？

1. 教孩子找到日记要写的内容

孩子怕写日记，主要是觉得没有东西可写，不知道可写什么，总以为日记的内容是很难找的。其实，日记的内容无处不在，非常丰富，父母可以教孩子从日常生活的所见所闻中最简单的记起。

比如记下面这些内容：

（1）记自己身体发育变化的情况，如身高、体重、胸围、视力等的变化，从中可以看到自己身体的成长。比如二三岁时照片中自己的形象与现在镜子中自己的相貌发生了什么变化。

（2）记自己学习变化的情况，如当天所学知识，什么地方懂了，什么地方还不懂，这样可以巩固和加深记忆，看出自己掌握知识的变化与规律。也可以记课外看到的知识和心得，包括好的电影电视节目内容及观看感。

（3）记自己生活及家庭的变化。每个家庭每天都在发生着变化，新添了彩电或手机，旧的自行车卖给旧货收购站，或者来了一位外地客人等等，都可以写。通过对自己生活中点滴小事的记录及家庭变化情况的记录，长大以后可以从家庭这个社会的细胞看到社会的部分变化及规律。

（4）记自己的所见所闻。除了自己的学习、生活及家庭情况外，一天当中的所见所闻很多，选择自己印象最深，有意义、有价值的记录下来。比如在大街上看到了一起车祸，就可以记下来：什么地点、什么时间、什么人物、现场如何、结果如何、自己想到了什么，等等。又比如某条街上新开了一家有点特别的店，开张的时候很热闹，也可以把现场情况记录下来。

（5）记自己的思想认识和感情变化。在生活和学习过程中，每个人都会产生一些想法，原来没认识到的，现在认识到了；原来不是这样想的，现在这样想了。在成长过程中，每个人的感情也会发生变化，原来对某人感觉不大好，现在好起来了；原来对某件事总是有点烦，现在感觉不怎么烦了，而且渐渐喜欢做了。这些，都可以用夹叙夹议的方式把它记录下来。还可就某一件事、某一个问题根据自己的看法和掌握的知识发表议论。

2. 教孩子写日记的方法

（1）记的事件要真实。要多记自己看到或经历过的人和事，多记身边发生过的人和事。只有真实地反映事件和心情，真实地叙述问题，才有参考价值，才是有效的积累，才能反映规律。

（2）记的事件内容要具体一些，尽量不要用概括性叙述，而要有一定的描写。因此，父母要教孩子通过仔细回忆和重新观察，把事件或人物的细节写出来。

（3）要有选择地记。日记不是流水账，一则日记一般只记一件事，不能太杂，不能拖泥带水地在一则日记中什么都记。也就是说，一则日记要围绕一个中心，这个中心可以是一桩事、一个场景、一段对话、一处风景、一个外貌、一种心情、一个动作等。

（4）记事件的感受不要牵强附会。每个人都会对身边发生的事产生一些感受，在记叙的过程中，可以穿插自己的感受。但这种感受一定要真实，自己是怎么想的就怎么写，不要老是考虑这个想法对不对。有的孩子在日记中搬用套话大话，说一些违心的假话，这种心理是很不好的。

（5）要妥善地保存日记。日记的私密性是很强的，父母要提醒孩子注意保管。每过一段时间，可翻一翻以前的日记，这样既可以回忆比较，又可增强写日记的信心。

培养女孩良好的学习习惯

很多父母说过："让孩子拥有良好的学习习惯，比拥有很高的智力更重要。"姑且不论他们的说法是对还是错，但这足以说明一个问题：越来越多的父母开始注重孩子学习习惯的培养。

学习习惯是在学习过程中经过反复练习形成并发展，成为一种个体需要的自动化学习行为方式。良好的学习习惯，有利于激发孩子学习的积极性和主动性；有利于形成学习策略，提高学习效率；有利于培养自主学习能力；有利于培养孩子的创新精神和创造能力，使其终身受益。

我们都知道，到了青春期，女孩的智力发育往往跟不上男孩，学习成绩往往会出现“滑坡”的现象。但是，如果女孩从小便养成了良好的学习习惯，那么，成绩“滑坡”的幅度可能会小很多，甚至还可以避免“滑坡”现象的产生。

那么，良好的学习习惯都有哪些呢？下面列举了一部分，便于孩子学习参考：

1. 主动学习的习惯

别人不督促便能主动学习，一学习就要求自己立刻进入状态，力求高效率地利用每一分钟的学习时间。有意识地集中自己的注意力用于学习，并能坚持到底。

2. 按时完成学习任务的习惯

在规定的时间完成规定的学习任务。把每个规定的学习时间分成若干时间段，根据学习内容，为每个时间段规定具体的学习任务，并要求自己必须在一个时间段内完成一个具体的学习任务。这样做可以减少乃至避免学习时走神或注意力涣散的情况，有效提高学习效率；还可以在完成每个具体的学习任务后，产生一种成功的喜悦，使自己愉快地投入到下一时间段的学习中去。

3. 各科并进，不偏科的习惯

现代社会迫切需要的是发展全面的复合型人才，这就要求孩子对自己不喜欢的学科更要努力学习，在学习中不断提高兴趣。对不喜欢的学科或基础比较薄弱的学科，可以适当降低标准，根据自己的实际情况，确立经过努力完全可以实现的初期目标、中期目标、远期目标，然后要求自己去完成。这是克服偏科现象的有效方法。

4. 认真听课的习惯

上课时，老师不仅用语言传递信息，还会用动作、表情传递信息，用眼神与学生交流。因此，孩子在上课时必须盯着老师听，跟着老师想，调动所有感觉器官参与学习。能否调动所有感觉器官学习，是学习效率高低的关键因素。上课要做到情绪饱满，精力集中；抓住重点，弄清关键；主动参与，思考分析；大胆发言，展示思维。

5. 上课主动回答问题的习惯

中学生应该成为学习的主人，在课堂上要认真思考每一个问题，积极回答问题可以促进思考，加深理解，增强记忆，提高心理素质，促进创新意识的勃发。回答问题要主动，起立迅速，声音洪亮，表述清楚。

6. 上课记笔记的习惯

在专心听讲的同时，要动笔做简单记录或记号。对重点内容、疑难问题、关键语句进行“圈、点、勾、画”，把一些关键性的词句记下来。据实验表明：上课光听不记，仅能掌握当堂内容的30%，一字不落地记也只能掌握50%，而上课时在书上勾画重要内容，在书上记有关要点的关键语句，课后再去整理，则能掌握所学内容的80%。

7. 多思、善问、大胆质疑的习惯

学习要严肃认真、多思善问。“多思”就是把知识要点、思路、方法、知识间的联系、与生活实际的联系等认真思考，形成体系。“善问”不仅要多问自己几个为什么，还要虚心向老师、同学及他人询问，这样才能提高自己。而且，在学习的过程中，还要注意发现问题，研究问题，有所创造，敢于合理

质疑已有的结论、说法，在尊重科学的前提下，敢于挑战权威，决不轻易放过任何一个问题。要知道“最愚蠢的问题是不问问题”，应该养成向别人请教的习惯。

父母可参考以下几点，理性培养孩子拥有良好的学习习惯：

1. 给孩子预留出自己可支配的时间

想要提高孩子写作业或者学习的积极性，父母必须给孩子一个目标激励。比如告诉孩子，如果你专心写作业的话，就可以节省出更多的时间来做其他的事，比如到楼下和其他小朋友一起玩，或者在完成作业和学习后，可以自己选择看一个动画片……

2. 帮助孩子建立科学用脑的意识

经常看到很多父母一让孩子课外学习时，便一股脑让孩子从头写到尾，有时孩子一写作业便是一两个小时，甚至更长时间。这样做是非常错误的，为什么孩子在学校上每节课的时间是40分钟呢？这主要是考虑到孩子注意力集中的时间是有限的，如果孩子大脑疲劳了父母仍不让休息，孩子便会边写作业边玩，甚至出现糊弄父母，你在身边我就装作很认真的样子，不在身边我就玩的现象。对于小学一二年级的孩子来说，注意力专注的时间一般为20～35分钟，所以写作业的时间一般安排在35～40分钟，接着就要安排孩子做短暂的休息了，以利于缓解大脑的疲劳。

3. 帮助孩子构建时间意识

我们经常强调时间效率，效率从哪里来？就是从时间中来。所以建议父母要充分引导孩子关注家里墙上挂的钟表，或者闹钟。如果孩子对时间认识还存在问题，一定要教会孩子认识时间。当孩子在写作业前后都关注着时间后，就很容易计算出时间成本，通过时间的对比，让孩子感觉到自己今天比昨天在完成作业方面有进步，父母也及时给予鼓励和表扬，将使孩子的自信心大大增强。

4. 及时关注孩子的学习方法

有的孩子在学习中遇到困难，自己说不出来，父母又观察不到，而老师因为面对全班很多孩子，也不可能一一去关照，这在无形中就会让孩子出现学习上的失控现象。为了解决这个问题，必须要明确责任人，那就是父母，因为孩子和父母是一对一的关系，父母必须彻底检查一下，孩子每一门功课是否能课上听得懂，课后能独立完成作业，如果不能独立完成，问题出在哪个环节：是不能读懂题、不会运算，还是识读存在困难、写字方面存在困难，等等，然后再具体情况具体分析，针对性地进行解决。

培养女孩善于理财的习惯

女孩要想独立，经济上的独立格外重要。置身于市场经济的大环境中，人们的经济意识已逐步加强，目前大多数父母对孩子的理财教育仅仅处于初级阶段，有时甚至还是一片空白。这项具有战略意义的系统工程，还没能引起人们的足够重视。

有些父母错误地认为，让孩子过早地认识金钱，会腐蚀孩子的心灵。有人甚至搬出“万般皆下品，唯有读书高”来教育孩子。让孩子远离金钱的腐蚀并没有错，可孩子毕竟不能彻底与金钱隔绝，如果孩子对金钱没有一个清醒的认识，没有理财意识，那么她长大之后，不是成为一个小气得不愿意消费而苦了自己的吝啬鬼，就是成为一个“大手大脚”烧钱的败家子。

一般来说，后一种情况比较严重，因为每个女孩都是父母的小公主，随着生活水平的提升，父母都愿意为孩子提供足够的资金让其消费。特别是一些持“女孩要富养”论的父母更是如此，为了让孩子显得雍容华贵、气定神闲，他们不惜血本，企图用钱来“砸”出孩子的气质。结果怎么样呢？这些女孩通常都成了穷奢极欲、不懂得珍惜的虚荣女孩，一旦失去了父母的支持，她们就会变得一无是处。

有的父母认为没必要对孩子限制过多，这与那些采取不让孩子接触钱的做法的父母一样，做法未免太消极。正确的做法是对孩子进行理智消费教育。

正如一些学者所指出：孩子不能在金钱无菌室里培养。父母在培养孩子的金钱观时，积极的态度应该是：正视现实，主动告诉孩子金钱的重要性及其来之不易，使孩子从小就懂得金钱的价值，养成勤俭节约的好品质，成为有一定经济头脑和管理能力的小主人。

要想培养孩子的理财能力，父母可参考以下做法：

1. 定期发放零用钱

让孩子规划自己的“零用钱”，是让孩子学会理财的最佳时机。

很多父母在孩子小的时候，就已经开始给零用钱了。据一份问卷调查显示，有56%以上的家长在孩子6~8岁时，开始给零用钱。给孩子零用钱的方式是：80%不定期给；20%定期给，其中每天给的占8%，每周或每月给的各占6%。

要想培养孩子的理财观念，父母应严格执行约定时间才给孩子下一次的零用钱。一开始可以以“周”为发放零用钱的时间单位，等孩子习惯后，时间慢慢拉长为“月”。父母控制好零用钱的发放时间，能让孩子在固定的时间内分配金钱消费，同时也能训练孩子的用钱能力。

另外，父母给孩子零用钱时，最好别以斥责的方式要求她不可随便花费，甚至严重干涉钱的用途。因为零用钱等于是孩子的“薪水”，有一定的数额，所以在一定范围内应让孩子自由支配使用。

2. 让孩子学会定期储蓄

没有节制的消费会带来烦恼，有规律地储蓄非常重要。每年孩子的压岁钱、零用钱等加起来是一笔不小的财富，父母不妨从买给孩子储钱罐开始做起，鼓励她存钱。为增加孩子存钱的动力，父母还可以设定存钱目标，当孩子达到目标时，给予额外奖励。

3. 培养孩子的记账习惯

孩子年龄小，不知道如何记账，刚开始时，父母可帮助孩子将未来一星期所需要的花费记录下来，然后逐日补上额外支出的项目，慢慢养成记账的习惯。等到建立起几次记录后，父母可以放手让孩子自己记账，几个月后便可以据此了解孩子的消费倾向，了解她对金钱的价值与感受，若发现有偏差，可适时纠正。另外，记账也可以帮助孩子培养良好的理财意识和习惯，让她理解花钱容易挣钱难的道理。

4. 建立理财目标

孩子在不同阶段，总会有不同的消费需求，比如小时候买玩具，小学时买电子游戏机，中学时添置MP3……这就需要父母帮助孩子建立理财目标及投资观念，比如购买一部脚踏车，可以让孩子从每个月的零用钱中，规划出一个时间表，透过目标建立孩子的预算观念，让孩子用自己积攒下来的零花钱来买自己想要的东西。

另外，父母还可以在日常生活中有意识地引导孩子正确消费，让孩子学会在消费中算账的习惯，比如，同样是交通工具，坐普通巴士比空调巴士节省，坐大巴比中巴节省，坐中巴比“打的”节省，让孩子学会少花钱多办事。可以给孩子一些零花钱，由父母引导，让孩子提出预算，然后让她自由支配。

第六章　挖掘女孩的学习潜力

对知识的好奇心，良好的学习环境，高效率的学习方法等，对女孩学习水平的高低有着相当重要的影响。在挖掘女孩的学习潜力上，父母责无旁贷，应努力使女孩的好奇心成为学习的原动力，让孩子感受到“学而时习之，不亦说乎”的快乐，进而主动地汲取知识，迈出成功的第一步。

激发女孩的学习兴趣

兴趣，是孩子学习知识的原动力。有了足够的学习兴趣，孩子才能从自发走向自觉。现实中，有的孩子能感受到学习的乐趣从而乐此不疲、全神贯注，也有的则感到学习令人讨厌、苦不堪言。

婷婷是个天真可爱的小女孩，但就是爱玩，学习成绩非常差。父母虽然对她严加管教，但成绩就是一直上不去。每当爸爸对婷婷说："爸爸教你算题好不好啊？"婷婷就会对着积极的爸爸看上一眼，然后转身离开去玩她的玩具。父母气极了，想逼她学习，结果逼也不行，照样玩，于是又打她，谁知道打也不行，婷婷还挺倔，一边号叫，一边一个劲地喊："我就不爱学！我就不爱学！打死我也不学！"

婷婷的表现是现在很多孩子的真实写照。造成这一问题的原因是多方面的，其中很重要的一点就是孩子对学习的兴趣不足。兴趣是学习最好的老师，但如何激发孩子的学习兴趣却是个难题。

父母可参考以下几点培养孩子的学习兴趣：

1. 让孩子在学习中不断感受到乐趣

对未知的探索、对新知识的渴求，和我们旅游爬山一样，登得越高，看得越多越远，从而充满了获得知识的愉快。当孩子在学习中感受到快乐后，即使父母对其学习管得严格些，她也会比较容易接受。

2. 让孩子在游戏中学习

如果能够让孩子尽情地游戏，做到游戏与学习相结合，孩子可能会慢慢把对游戏的兴趣转移到学习上去。当然，父母也不能让孩子玩“疯”了，应适可而止。

3. 让孩子在努力中不断体验成功

俗话说：“失败是成功之母。”孩子承受失败的能力较低，失败几回后，可能会使孩子失去学习的兴趣和信心。因此，对于孩子的点滴进步和成功，父母都应给予适当的表扬和鼓励，哪怕只是说一句“今天很不错”。孩子体验到的成功越多，兴趣就会越浓厚，周而复始，孩子自然就能天天向上了。

4. 教孩子学以致用

父母要鼓励孩子将所学知识运用到实际生活中，解决实际问题。孩子运用所学知识解决问题的过程，不仅是加深记忆的过程，也是体验知识价值的过程。父母还可以让孩子多参加丰富多彩的课外活动。比如，孩子对数学没有兴趣，父母可以鼓励孩子参加数学兴趣小组，多做数学趣味题，从而激发孩子学习数学的兴趣。

帮助女孩找到学习方向

生活中，不少父母发现孩子经常会抱怨学习辛苦，进而逃避学习，这样一来，成绩自然不够理想。此外，有的孩子虽然成绩尚可，但是内心经常感到很迷茫，不知道自己为什么要学习，学习对她来讲，只是在听从老师和家长的命令。这是非常危险的，因为抱着这种心态的孩子非常容易受到一些负面因素的影响，进而放弃学习。

对此，父母应该积极想出对策，让孩子挖掘自己的潜力，努力学习，从而有所成就。比如让孩子设置目标，让她知道自己的方向在哪里，为什么而学习。

常言道："一个确定的目标是成功的一半。"一个人只有确定了目标，才会有奋斗的方向，才不会在执行中迷失自己。

父母应该如何指导孩子通过设置学习目标来激励自己呢？

1. 具有明确性，以数量、质量或时间来表明目标

在孩子正确认识自我的基础上，父母要鼓励孩子树立自己的目标。当孩子说出自己的目标后，父母要引导孩子把它写下来，并把它当成行动的计划，开始着手做一些能够实现目标的事情，努力把目标变成现实。比如想让孩子好好学习科学知识，可以让孩子在一年内学习两册科学知识读本。当然，并不一定是要树立当科学家、政治家之类的远大目标才有意义，实际上，目标没有高低贵贱之分，不管孩子的目标是什么，只要父母善于引导都是好目标。

2. 目标要具有系统性，合理安排大小目标

很多时候，孩子的目标往往会定得不切实际，过于遥远或者不太容易实现，这时，父母要教孩子把目标分割成小目标，鼓励孩子分阶段去实现小目标，直到实现大目标。

当孩子制定目标的时候，不妨让孩子把要求定得低一点，以增强实现目标的信心，然后教孩子努力实现每一个小目标。例如，孩子的学习成绩不好，可以让孩子从不及格向及格再向更高分迈进，千万不要一下子就把高分定为目标。

3. 目标高低要因人而异

无论是长远目标还是近期目标，都有个高低的问题。对于学习基础好，又有较强学习能力，学习成绩比较稳定的孩子，可以设定较高水准的学习目标以激发其进一步学习的动机。而对于学习基础差，学习能力较低的孩子，盲目地确立过高的学习目标，不但对学习没有帮助，反而会有害处。因为过高的学习目标对她来讲，常常是难以实现的，高目标带来的往往是失败的打击，使其心灰意冷，对学习不再抱有信心。因此，父母应全面分析孩子的学习基础和学习能力，进而帮助她选择一个高低适当的学习目标。一般来说，适当的目标应该要略高于自己原有的学习基础和水平。

引导女孩逐步取得进步

宋代大教育家朱熹说过："读书之法，在循序而渐进，熟读而深思。"学习是一个循序渐进的过程，知识的逐步积累很重要，若想一下子达到目标，是不大可能的。

著名数学家华罗庚在自学高中课程时，时常犯急躁病，一个劲地加速，结果所学的知识成了"夹生饭"。这个教训使他领悟到，片面求快不符合读书的辩证法，必须循序渐进。后来，他宁肯比在学校里学得慢些，练习做得多些，用五六年时间才学完了高中课程。表面上看起来，他的高中课程学得慢了一些，但因为学得扎实，给他后来学习大学课程带来了方便。到清华大学没多久，他就听起了研究生的课。

华罗庚的故事告诉我们，学习要扎扎实实，由浅入深，循序渐进，有时还要回顾，以暂时的退步求得扎实的学问。学习就像上台阶和吃饭，一步跨10个台阶和一口吃成胖子都是做不到的。

一位音乐老师是这样教育她的学生学习音乐的：

老师在音乐课上曾经问过一个学生，假如想在24小时内得到一桶自来水，你会一滴滴地滴满一桶水吗？学生说肯定不会，她会迅速打开龙头到最大，放满一桶水，仅须几分钟时间，用放满水后的23个小时多的时间去干其他事情。这是大多数孩子的想法。

老师对学生们说，生活中，当你发现水龙头一滴一滴往水桶滴水，一天一夜的时间竟然也能盛满一桶水的时候，你就会领悟什么叫循序渐进，什么叫坚持！

这位老师正是遵循了循序渐进的道理来帮助学生不断进步，她在课堂上的要求并不高，但是训练扎实，一步一个脚印。她告诉学生："不要和基础高的同学相比较而去追求相对意义上的进步，我们只求绝对意义的进步，只要自己今天上的音乐课进步了，自己有收获了，自己开心了，仅此足矣。"

其实，孩子将来无论做什么事，也跟学音乐一样，只要每天都在努力，便会在循序渐进中不断进步。而不少成功人士取得成功的秘诀，就是很好地遵循了循序渐进这个规律。

由此可见，学习切不可急于求成，要小聪明，只有根据知识的内在逻辑关系，由浅入深、循序渐进地学习，才能真正学到知识。

专家给您支招

循序渐进的规律，是指求知要由易到难，由近及远，由此及彼，由表及里，由低级到高级，由简单到复杂，由具体到抽象，从而"渐渐向里寻到那精英处"，即到达理想的胜境。那么，父母应该怎样培养孩子循序渐进的学习习惯呢？

1. 打好基础最重要

在学习过程中，打好扎实的基础是不能忽视的，切忌好高骛远。这正如古人所说："九层之台，起于垒土；千里之行，始于足下。"

2. 注意孩子的学习阶段性

学习时，要考虑孩子的接受能力，不宜求之过急，贪多嚼不烂，而要注意学习的阶段性。在一定时候学一定内容，不能错过学习良机，也不能勉强“超前”，脱离智力发展的可能性。这样才能摆脱“欲速则不达”的弊病，逐渐而牢固地将学到的一点一滴积累成知识的长河。

3. 让孩子设定一个“次目标”

告诉孩子为了达到“主目标”，可以先设定一个“次目标”，否则，孩子很有可能因为目标过于远大，或理想太过崇高而放弃，这是很可惜的。设定了“次目标”后，便可以较为轻松地获得令人满意的成绩，减轻了心理压力，要达到“主目标”就相对容易了。

循序渐进看起来进步不显著、成果不明显，但是，由于这种进步是一步一个脚印的进步，最终必然是高效的、省时的。

培养女孩学习的恒心

生活中，有的孩子对学习没有恒心，不是虎头蛇尾，就是半途而废，不能一如既往地坚持下去。其表现之一便是，喜欢在每一个新学期开始时，为自己制订一个学习计划，最初几天还能完全按照计划学习，到后来却渐渐松懈下来，最后完全抛弃了原定的学习计划。

心理学家将一只跳蚤放进没有盖子的杯子内，结果跳蚤轻而易举地跳出了杯子。紧接着，心理学家用一块玻璃盖住杯子，结果，跳蚤每次往上跳时，都因撞到这块玻璃而跳不出去。过了一段时间，心理学家把这块玻璃拿掉，结果跳蚤再也不愿意跳了，自然也就没有离开杯子。

这个“跳蚤实验”给了我们很大的启示。许多情况下，孩子也和跳蚤一样有类似之处：当孩子经过一段时间的努力而没有达到预定目标时，便会灰心丧气，认为自己比不上别人，不是学习的料，永远也达不到预定的学习目标，于是就忽视自身潜能的激发和外界条件的改变，放弃实现预定学习目标的努力。久而久之，将自己陷入失败的泥潭中爬不出来，最终一事无成。

学习是一个漫长的过程，不可能一蹴而就，期间必然要经历诸多挫折，遭遇诸多困难。

据调查显示，大多数学龄孩子在学习上都有半途而废的不良习性。课堂听讲，前20分钟比较认真，后20分钟就坚持不下去了；做作业一遇到疑难问题就打退堂鼓；作文前几段文字书写工整，到后面就渐渐变得凌乱潦草；原打算坚持每天早读一小时英语单词，刚开始有新鲜感还能坚持，过一段时间就放弃了。

半途而废对孩子的学习效果的影响极为恶劣，而且不利于孩子形成健康、规范、严谨的学习作风，它所造成的后果不仅严重，而且遗患无穷。因此，父母对孩子的这一不良习惯不能掉以轻心、视而不见或迁就放任，而应给予足够的重视。

为了帮助孩子克服不能持之以恒的习惯，父母可从以下几点抓起：

1. 强化孩子的学习意识

即要求孩子在学习过程中进一步明确学习的任务、内容、目标和要求，使其学习活动始终指向既定的目标。

2. 监督、引导孩子学习

孩子都有惰性，在学习过程中免不了偷懒而停下来，或者在学习中遇到解决不了的问题而沮丧颓废，以致放弃。因此，父母应对孩子的学习过程进行监督、鼓动，并适时给予指导，帮助她克服惰性、克服软弱、增强信心，保持学习的连续性。

3. 鼓励孩子坚持下去

当孩子遇到难题准备放弃时，父母要给她打气，鼓励她想办法坚持下去，遇到任何困难都不能轻言放弃，要耐着性子坚持到底。当孩子有了较强的意志力，有了不甘落后的决心，学习就有了强大的动力，学习起来就会坚持不懈，一气呵成。

4. 为孩子制定详细的学习计划

在孩子学习之前，父母可通过制定学习计划帮助孩子明确学习的内容是什么、想达到什么目标、打算安排多少时间、怎样完成学习任务等。

引导女孩做好课前预习

到了青春期之后，大多数女孩的学习成绩都会走下坡路。面对女孩学习的这一发展规律，父母们总想找到解决问题的最好方法，但更为明智的家长则会立刻采取措施，帮助孩子向这一规律挑战。

9岁的孟佳上课时总是不看课本，只听老师讲课，但她的考试成绩却比认真做课堂笔记的同学要好得多。老师和同学们都觉得非常奇怪。

有一次，老师到孟佳家里去家访，这才发现了其中的秘密。原来，从孟佳上幼儿园开始，她的父母就一直向她强调预习的重要性，并指导她正确预习，到现在孟佳已经养成了课前预习的好习惯。

因为每次课前都预习，上课时，孟佳不像其他同学那样一边看课本一边听老师讲课，还得把老师讲课的内容都记下来，而是抬着头认真地听老师讲课，同时，她的脑海中浮现出自己已经学过的内容。这样一堂课听下来，老师讲的内容她都基本掌握了，回家再看一下课本，就完全掌握了，所以她每次考试的成绩都很好。

预习的重要性每位家长都知道，但为什么让女孩学会预习很重要呢？孟佳的爸爸认为："大多数女孩长大以后学习能力都会落后于男孩，但如果让她从小养成良好的学习习惯，不仅可以弥补她与男孩学习能力之间的差距，而且这些好习惯还会促使她的成绩比男孩要优秀得多。"

预习虽然是按照书本上的内容进行，但主要是通过自学来掌握关键内容、思考难点，尝试解决遇到的问题，这是对思维的一种有效锻炼。有效的预习能够使孩子带着问题听课，对自己不懂的内容会特别注意，如果发现老师讲的和自己想的不一致，就会认真听老师讲解，直到弄懂为止。

可以说，预习是一个人学会独立学习的关键，只有会预习的人，才能渐渐培养起自我学习的能力，才能够进行自我教育。

专家给您支招

对于安静而又听话的女孩来说，让她养成课前预习的习惯并不难。不过，父母也不应盲目地强迫她去预习，要知道，一种好的学习习惯往往是在父母的巧妙引导下慢慢形成的。

1. 让孩子合理安排预习的时间

当孩子准备预习时，父母要告诉她，预习的主要目的是掌握基础性的知识，熟悉教材，以便听课时具有目的性和针对性。对于一时看不明白的问题，可以做个记号，留到课堂上认真听老师讲解，不需要将所有问题都在预习时弄懂，那样做不仅浪费的时间太多，也达不到很好的效果。

2. 教孩子正确解决预习中不懂的问题

孩子在预习的过程中，通常会碰到一些不懂的问题，这时，父母一定要告诉她，不懂是正常的，带着问题去听课，收获才会更多。

父母可以建议孩子制做一套预习符号，比如“？”表示疑问，“——”表示不太清楚，“『』”表示不懂的词语等。制作好预习符号后，父母还要教孩子一些科学的预习方法。比如，先通读全文，边读边画出生字和新词语，看看字形，想想意思，遇到不懂的就在课文旁边打上问号；然后，重点学习自已不太明白的内容，还不明白的，就用着重号或自己设定的符号表示出来，在老师讲解的时候认真听，直到弄懂为止。

3. 坚持对孩子的预习做定时检查

每天孩子完成作业后，父母应提醒孩子作新课预习，并且对孩子预习的结果进行检查。这就要求父母首先得付出一点时间，真正了解孩子的课程，知道她现在该做什么，明天该学什么，使督促和检查能有的放矢，这也是对孩子的一种帮助。

帮助女孩学会有效复习

复习是学习过程中的重要一环，它不仅能使所学知识系统化，而且加强了对知识的理解、巩固与提高，也可弥补知识的缺陷，使基本技能进一步熟练。

生活中，有些孩子特别聪明，老师在课上讲的内容一听就明白，理解得也比别人快。按理说，这么聪明的学生，学习应该很优秀，奇怪的是，他们的成绩很一般。这是为什么呢？他们自己也很纳闷：“上课的时候，我明明都听懂了，也掌握了所学的知识，怎么还是得不到好成绩呢？”

如果我们仔细观察，就会发现，这些学生自以为已经掌握了所有的知识，而且自己的记忆力也很好，所以下课后从来不复习，久而久之，学过的东西就渐渐淡忘了。

桥梁学家茅以升记忆力超群，很多人曾经询问他的记忆秘诀，他回答说："说起来也很简单，就是重复！再重复！"这就是在告诉我们：学过的东西，只有反复去学习，才能够牢固地记住，并且运用自如。

有这样两个大学生，A的外语水平比B略高一筹。毕业后，两个人同在一所学校工作。后来，A成了学工处长，而B担任外语教师。3年过去了，B由于天天接触外语，英语水平不断提高，口语能力也很强，并开始翻译一部外国小说。而A呢？自从毕业后，她就极少再复习运用英语，甚至已经想不起几个英语单词了。这就是复习与不复习的巨大差别。

心理学研究表明，刚学过的东西如果不马上复习巩固的话，就会遗忘。虽然上课听懂了，但如果省略了复习环节，就会使所学知识的系统性、完整性受到破坏。时间一长，所学的知识就会模糊、不系统，这样的知识当然容易忘记了。

因此，父母一定要让孩子养成及时复习的习惯，今天的功课今天复习完，这样才能提高学习的质量和效率。

专家给您支招

教育学家曾经做过这样一个实验：让3组学生熟记一篇诗歌，第一组间隔一天复习；第二组间隔三天复习；第三组间隔6天复习。一直达到熟记的统一程度，结果第一组学生平均需复习4次；第二组平均需要复习6次；第三组平均需要复习7次。由此可见，复习间隔的时间越短，复习的次数就越少。实验结果表明，如果复习能做到及时，就可以在短时间内提高熟记的程度。

那么，父母应如何帮助孩子进行有效复习呢？

1. 课后回忆法

即在听课的基础上把所学内容回忆一遍，它可以检验孩子的听课效果。

回忆是一种积极主动的活动，需要高度集中注意力，把学过的知识在头脑中“重播”一遍，从而巩固所学的知识。

父母可以让孩子一个人单独回忆，也可以几个小伙伴在一起互相启发、补充回忆。课后回忆可以按老师的板书提纲进行，也可按教材的纲目结构进行，从课题到重点内容，再到例题和每部分的细节。

2. 整理课堂笔记

课堂听课时间是有限的，而且老师讲课的速度较快，难免会漏记一些内容，这就需要提醒孩子课后及时整理笔记，加以补充。特别是提纲式笔记，它只记录了课堂内容的纲要，因此必须进行整理，充实内容。

此外，在课后复习中，可能会有新的发现和体会需要补充到笔记中去。整理好的笔记，应该线索清楚、重点突出、内容简要，是一份经过自己加工、适合自己使用的复习资料。

需要注意的是，无论采用何种方法复习，都一定要做到今日事今日毕。有的孩子放学回家后，先复习一些功课，饭后再看电视，剩下的功课想留到明天再复习。其实，这样也是会影响记忆效果的。如果能当天晚上把功课复习完，就都记住了；如果等到第二天晚上再复习，就会遗忘一些东西。一个人想记住当天学到的知识，第一天晚上用30分钟复习可能完全记得住；如果放到第二天晚上再复习，就可能要用40分钟才能把要记的东西记住。这些看起来是小事情，但绝不可掉以轻心，父母一定要提醒孩子不要放任和迁就自己，以免养成不良的学习习惯。

培养女孩独立学习的能力

俗话说，活到老学到老，独立学习是孩子走向人生的重要环节和基本能力。一个不懂得独立学习的孩子，遇到任何问题都希望得到他人的帮助，不知道先通过自己的学习来寻找答案，在学习中遇到困难时便会一筹莫展。

有一位教育专家曾经解释“学问”二字，他说：“学问学问，意思就是告诉孩子们在学习时应该先学后问。”现在的孩子普遍缺乏独立学习的意识，遇到问题首先不是通过查阅书本、资料来寻找答案，而是直接跑到老师、同学或者父母那里问答案，有一种强烈的“学习依赖症”。有的孩子如果没有父母或者他人的帮助，甚至连家庭作业也完成不了。

专家给您支招

孩子的自主学习能力不是与生俱来的，而是通过学习逐渐形成的。父母是孩子不可替代的启蒙者，父母的一言一行、一举一动，都会对孩子产生重大影响，孩子自主学习能力的提高同样离不开父母的培养。

1. 既要做好启蒙，又要敢于为其导航

随着孩子一天天地长大，学习的课目增多了，作业数量也增加了，孩子往往会为应付一天的作业而忙碌，并以完成作业为任务。尽管父母还能解答孩子提出的书本上的问题，但他们往往会更多地关心孩子完成作业的情况，而忽视对其自主学习的培养。尤其是孩子进入高中阶段后，学科知识难度很大，孩子弄不懂的知识点，父母也是一知半解，很难应对孩子提出的问题。而且，孩子

在学校的人际关系也开始复杂了，校内、校外生活丰富了，开始变得不太听话了。这一时期，父母只会用“认真读书”、“好好读书”、“不懂问老师”来关心孩子，对孩子的学习显得无计可施。

事实上，这个时期孩子才开始懂得学习父母的思维方式，直至开始形成自己的人生观、价值观，这个时期是培养孩子形成和提高自主学习能力的关键时期。父母对孩子的“导航”在这个时期显得比任何时候都重要，除了要对孩子在小学和初中阶段遗留下来的学习习惯和自主学习方法不足进行“亡羊补牢”外，父母还必须精心设计科学培养孩子自主学习能力的路径，并加以“导航”。这样才能使孩子逐步养成自主学习的习惯，形成自主学习的能力。

2. 既要做好模范，又要创设自主学习的环境

根据心理学家的追踪研究，孩子的个性发展与父母的教育态度与教育方法密切相关，孩子的心理素质是在外界环境的影响下建立起来的。要想让孩子具有自主学习的习惯和能力，父母一方面要以身作则，加强学习，多看书、多读报，多思考问题，时时处处做孩子的表率；另一方面还要为孩子创造自主学习的家庭环境。和谐的家庭环境对孩子的学习来说，是相当重要的。

3. 既要积极规范孩子的自主学习，又要努力把握孩子自主学习的效果

父母应把学习的自主权交给孩子，让孩子把学习当成乐事，在学习中寻找并获得乐趣，意识到学习是自己的事，自己应该怎样听课、复习和作业，怎样思考、发言和讨论，使孩子对知识的占有欲和征服欲望得以淋漓尽致地发挥。

当然，提高孩子自主学习的能力总要经过一定的途径、掌握一定的方法才能实现。在加强孩子自主学习能力的同时，父母还要注意规范孩子自主学习的行为并及时“纠偏”，循序渐进地反复指导、训练，让孩子科学掌握自主学习的方法，从而不断提高学习效率。这对孩子今后的课程学习、课外自学和自然社会科学知识的广泛阅读，会发挥不可估量的作用。

缓解女孩的考试紧张情绪

考试紧张是所有孩子的通病。作为父母，当孩子陷入紧张不安的状态时，一定要冷静地帮助孩子分析当前所面临的形势和困难，多给孩子一些赏识和指导，让她明白，胜败乃兵家之常事，即使失败了，父母也会一如既往地爱她、支持她。

小霞今年上小学五年级了，她平时学习非常刻苦，做作业也特别认真。在班级小考中，她总是名列前茅。可一到期中考试或期末考试，她就会出现种种失误：不该错的地方总出错，会做的题也变得不会做，紧张得大脑一片空白。有时还会出现肚子疼、呕吐、腹泻、手脚发麻等，令父母感到束手无策。

今年上半年期末考试时，第一天考语文。妈妈怕小霞紧张，考不好，于是在送她上学的路上，不停地叮嘱她：看题目要仔细，不要答非所问；不要漏题，按顺序做；写字要清楚，不清楚的会扣分；作文如果是给3个词写一段话，可以写得比较短，如果写日记，内容要长点，如果要求写作文，就不能太短，也不能太长，否则时间不够。总之，要认真仔细。班级之间要比赛的，你考得好，班级分就高些，说起来为班级争光，同时也为自己争光。小霞仿佛很同意妈妈的看法，连连点头。

中午小霞回家吃饭，妈妈问她今天考得怎么样。小霞一脸沮丧，说有好几道题今天早上还背得出的，可一进考场，就什么也不记得了，可能丢了不少分。妈妈听了既生气又无奈。

造成小霞考试紧张的原因是多方面的，有时是由于妈妈对女儿的期望值过高，在言语中对女儿造成了压力；有时是由于孩子自身的心理素质不稳定，引起考前紧张。

教育专家认为，当孩子面临考试或比赛出现紧张情绪时，父母应该给予孩子充分的赏识和鼓励，告诉孩子："只要努力，就一定会取得满意的成绩，我们相信你！"当孩子缺乏必要的准备时，应该给孩子适当的帮助和指导，让孩子有更充分的准备。

为了有效缓解孩子的考试紧张情绪，给孩子创造一个宽松、自由的环境，父母可以按照如下方法帮助孩子克服紧张心理：

1. 深呼吸法

如果孩子在考试中出现过度紧张，可教孩子将双手交叉放在桌面上或者膝盖上，先深吸一口气，同时闭目养神，屏住呼吸，稍停一会儿再慢慢呼出，如此反复3~4次，可达到全身放松的目的，并能有效改善大脑缺氧状况，使紧张的心情逐渐平静下来。

2. 注意力转移法

当孩子在学习中遇到难题解不出来时，可教孩子把它放一放，先不去想，休息一会儿再想或放到第二天再想。又如，孩子准备上台演出，总是紧张得手足无措，这时，父母可引导孩子谈论或做些别的不相干的事，使孩子不再注意演出的事，紧张情绪自然就克服掉了。

3. 体育锻炼法

如果孩子在考试中总是出现紧张的心态，父母可在平时多带孩子参加一些体育运动或户外运动。比如，打乒乓球、骑自行车、游泳、郊游等，这些活动有助于加速血液循环，驱散紧张的情绪。

理智对待女孩的学习成绩

父母关心孩子的学习分数无可厚非，但并非所有父母都能使自己的关心变成孩子学习的动力。调查表明，目前社会上父母对学习分数的态度以及由此引起的某些行为，确有不科学的现象存在。这些现象的存在直接影响了孩子的学习。

一位幡然醒悟的父亲说过这样一件事情：

女儿的学习成绩一直不怎么好，每次考试后我不是骂她就是打她。有一次，她考得实在不像话，我很认真地“教育”了她一番，没想到女儿竟然因此而离家出走了。这时，我才彻底醒悟，孩子才是最重要的。从那以后，我的心态一下子就变了，忽然有种眼前一亮的感觉。

之后，我对待女儿的成绩再没有打骂过，而是采取鼓励与支持的态度，没想到女儿的成绩一次比一次好，最后竟然在升学考试中考出了全校第五的好成绩。

父母的鼓励往往比打骂更具教育意义，这对更需父母关注的女孩来说更加适用。当然，这并不是说每个学习不好的女孩都可以通过这个方法来提高学习成绩，但女孩是很注重人与人之间关系的，正像前面所说，父母的打骂会让她产生自卑，甚至放弃学习；相反，父母的鼓励会让她认为父母关注她，对她抱有很大期望，为了不让父母失望，她便会努力学习。

值得注意的是，父母在鼓励女儿的同时，要让孩子意识到，学习是她自己的事情，她不是为父母或老师而学习。只有意识到这一点，她才会有学习的动力。

对于孩子的学习成绩，父母首先要理性对待，其次要多鼓励、少抱怨。

1. 对成绩好的孩子，多理性少娇纵

理性对待孩子的学习成绩，不仅仅是针对成绩不好的孩子来说，对成绩很好的孩子也要如此。

很多父母常常会因为孩子成绩好而给她不理智的爱：

女儿想要个昂贵的书包，父母毫不犹豫地去买，而且还摆出很正当的理由，谁让咱女儿学习好呢?

女儿因为成绩好就目中无人，看不起同学，父母毫不在乎，并且还说，咱女儿有骄傲的资本。

女儿成绩好就可以不做家务，甚至起床后自己的被子都可以不叠。

与男孩相比，女孩需要父母更多的爱与关注，但要想让女孩健康成长，父母的爱必须理智。成绩好并不是孩子目中无人、懒惰成性，甚至是为所欲为的理由。学习成绩表现的是一种能力，谦虚、勤劳、尊重他人等又是另一种能力。父母不能只看重孩子的学习能力，而忽略了其他方面能力的培养。

2. 对成绩差的孩子，多关注少抱怨

一位就读于某重点大学的女大学生谈起她的学习时，常会说这样一句话：是爸爸的鼓励让我考上了大学。以下是她的原话：

爸爸很忙，平时根本没有时间管我的学习。有一次，爸爸偶尔闲了下来，跟我聊天，最后说了这样一句话：“我这个爸爸当得不称职，平时根本没有管过你的学习。其实爸爸也想管你，但一来我很忙，二来我看你很努力、很用功，所以就没有过多地插手。不过，你也要劳逸结合，别搞垮身体呀！”

当时我正在上初中，成绩一般，平时想得最多的就是玩。爸爸的话让我感到十分愧疚，同时也感受到了爸爸对我的信任。于是，从那一刻起，我在心

里暗暗告诉自己：一定不能辜负爸爸的信任和关心。事实也证明，我做到了这一点。

对于很多孩子来说，她们平常听得最多的话也许就是："快学习去"、"赶快写作业去"……这些话使得她们把学习当做一种负担，进而讨厌学习、害怕学习。

对此，父母不妨换一种思维，让孩子意识到学习是她自己的事情，少关注学习，多关注她的健康和快乐。比如对孩子说："学习是很重要，但是不用这么拼命，一点点来。该玩玩，该学学，要把学习变成一件快乐的事"、"学习很重要，但身体更重要，要做到劳逸结合，多注意自己的身体"……

关注孩子的健康和快乐，同样是对孩子的一种鼓励。尤其是对懂事的女孩来说，父母的态度会让她产生很强的安全感，她会因为自己的努力而自豪，会因为父母的鼓励而更加努力。

第七章 培养女孩的社交能力

良好的人际关系体现了美好生活的一面！随着女孩逐渐长大，免不了要开始接触社会，也越来越需要懂得为人处世的道理。这时，传授给孩子为人处世的人生道理，便是父母送给孩子最好的礼物，它能够启迪孩子的人生智慧，激励孩子奋发向上。

尊重女孩与异性的交往

女孩进入青春期后，少女情怀增长，性别意识开始增强。这一时期，她们开始关注异性，希望了解异性并得到异性的友谊，这是很正常的一种心理现象，也是孩子健康成长的一种表现。

而青春期对一个人的理想、道德、品格、文化、素质等都有重要影响，因此，父母应有意识地引导孩子与异性交往，以免孩子走错方向。

如果发现孩子有“早恋”倾向，不能粗暴对待，而应鼓励孩子做一个意志坚强、目光远大的人，向孩子说明早恋的危害。既要孩子珍视男女同学间的友谊，又要教育孩子把握好与异性朋友交往的尺度，以免产生不必要的麻烦。

其实，大多数青春期孩子的异性交往是凭直觉的，父母应该尊重和鼓励，不要硬给孩子扣上“早恋”的帽子，否则容易给孩子和父母造成隔阂，并使孩子产生逆反心理。

父母要根据不同年龄段孩子的特点，对孩子进行超前教育，让孩子把握好和异性交往的分寸。以下方法可供参考：

1. 向往异性交往，是青春期身心发育的必然

青少年情感丰富，情绪容易起伏波动，主要是由于思春心理出现。表现在注重自我形象，有强烈的自我表现欲望，渴求得到异性伙伴的肯定与接纳。

因此，父母要关注孩子，经常询问孩子对周围异性伙伴的印象如何，以了解孩子的情感倾向和所思所想。同时，父母可讲讲自己青春期与异性交往的经历与故事，让孩子说出自己的看法。注意，最好避免使用“早恋”这样的字眼，因为这一时期的异性交往大多只是出于一种朦胧的爱慕心理。

2. 青春期的异性交往取决于自觉遵守规则

青春期异性交往有许多益处，家长应予以支持。而对孩子最大的支持，是制定交往的规则，提醒孩子学会自律。

父母可以与孩子共同讨论媒体报道的案例或某些电视剧的情节，发表各自的看法，增强孩子自我控制的意志力。在异性交往中善于自我控制，可有效避免许多不必要的麻烦和被性侵害的不良后果。另外，自控能力是建立在正确的知识观念基础之上的。父母还应该开诚布公，与孩子讨论与异性交往有关的问题。不必有什么禁忌，凡是孩子感兴趣的话题，都可以摆到桌面上进行讨论，必要时还可以查阅书刊或请教专家。

3. 引导孩子懂得爱别人是一种神圣责任

异性交往，意味着学会对异性的尊重和爱护，意味着对异性的责任和义务。父母不能总向孩子灌输异性交往的害处，而应公正地承认异性交往的益处和异性间互补的不可替代性。这样才具备与孩子谈论异性交往问题的前提，也才谈得上对孩子进行引导。教育孩子与异性交往时要学会尊重对方，包括尊重对方的人格，尊重对方的意愿，不可向对方提出无理要求，强迫对方服从你的意志，注意不要随意干扰别人的生活和学习。

父母还可帮助孩子策划一些自发的小组或集体活动，也可让孩子邀请异性同学到家里共同学习或聊天。但父母要态度鲜明地指出：中小学阶段，应尽量避免一对一的异性相处。

鼓励女孩学会与人分享

萧伯纳曾经说过："你有一个苹果，我有一个苹果，彼此交换，每个人只有一个苹果。你有一种思想，我有一种思想，彼此交换，每个人就有了两种思想。"

分享是一种博爱的心境，学会分享，就学会了生活。分享是一种思想的深度，深思的同时，你分享了朋友的痛苦。分享是一种生活的信念，明白了分享的同时，也就明白了存在的意义。

生活中，许多父母过度溺爱孩子，把孩子放在家庭的主导地位，在这种情况下，通常会把孩子养成以自我为中心、心中没有他人的霸道之人，不会关心父母，不会关心他人，更不会关心社会。

为了不让孩子的爱心枯竭、泯灭，父母不仅要爱孩子，更重要的是让孩子学会爱。千万不要只知一味地给予孩子爱，这种爱恰恰是对孩子没有好处的。"溺爱是父母与孩子关系上最可悲的事，用这种爱培养出来的儿童不肯把心灵献一点儿给别人。"这是一位教育家的经验之谈。因此，父母在爱孩子的时候，应该教孩子学会与人分享。

与别人分享好吃好玩的东西，对别人说一些关心体贴的话，同情并帮助有困难的人，不计较别人的过错，宽容和谦让他人，孩子的爱心就是通过这样一次次的行为模仿和强化而逐渐形成的。

父母可参考以下几点，教育美丽可爱的小公主学会与人分享：

1. 允许孩子有自己的宝贝

每个人都会有不愿意与别人分享的宝贝，孩子也一样。有些东西可能是孩子特别喜欢的，也可能是孩子认为重要的人送给她的礼物，对她来说有着特殊的意义。总之，父母在提倡孩子与人分享的同时也要允许孩子有不和人分享的宝贝，而且要让孩子懂得珍惜自己的宝贝。当别的孩子来家里玩的时候，父母可以允许孩子把她认为重要的宝贝“藏”起来，不与其他人分享。如果父母强迫孩子把所有东西都与人分享，反而会激起孩子的逆反心理，让她做出相反的行为。但是，对于大多数的东西，父母应该要求孩子与人分享。

2. 父母要学会分享孩子的东西

在教育孩子学会与人分享的时候，父母既要教孩子学会分享，还要自己也学会分享孩子的东西——而这一点往往被父母所忽视。

很多父母宁可自己受苦也不愿让孩子吃苦，把好吃的、好玩的、好用的全都放在孩子面前。他们在思想上也会担心孩子会成为一个不知道关心别人的冷血儿，但在行为上却不会与孩子分享。在一个家庭中，经常发生这样的一幕：孩子诚心诚意地请父母一块吃东西，父母却坚决推辞，说：“你吃，妈妈不吃！”“爸爸不喜欢吃油炸的东西，也不喜欢吃甜的东西。”就这样，孩子与人分享的好意被父母给扼杀了。慢慢地，孩子养成了吃独食的习惯，谦让与分享的美德被抛到了九霄云外。

培养女孩的诚实品质

孩子不诚实恐怕是最令父母和教师厌恶和恼火的问题之一了。其实仔细分析，孩子有说谎行为不足为怪，不能完全责怪他们。孩子本身有易说谎的心理特点，其中有社会的影响，也有教育方面的原因。

在华盛顿举办的美国第四届全国拼字大赛中，南卡罗来纳州冠军——11岁的罗莎莉·艾略特一路闯关，进入了决赛。当她被问到如何拼“供认”这个词时，她轻柔的南方口音，使得评委们难以判断她说的第一个字母到底是A还是E。

评委们商议了几分钟之后，将录音带倒带后重听，但是仍然无法确定她的发音是A还是E。

最后，主评约翰·洛伊德决定，将问题交给唯一知道答案的人。他和蔼地问罗莎莉：“你的发音是A还是E？”

其实，罗莎莉根据他人的低声议论，已经知道这个字的正确拼法应该是A，但她毫不迟疑地回答，她发音错了，她说的是E。

主评约翰·洛伊德又和蔼地问罗莎莉：“你大概已经知道了正确的答案，完全可以获得冠军的荣誉，为什么还说出了错误的发音？”罗莎莉天真地回答说：“我愿意做个诚实的孩子。”

当她从台上走下来时，几乎所有观众都为她的诚实而热烈鼓掌。

由此可见，如果想让孩子健康成长，就必须坚守诚信这一原则。父母要时常教育孩子讲诚信，想什么就说什么，没有把握的事情不轻易许诺，许诺的事情就应该努力办到，不失信于人。

培养孩子做一个诚实的人，并不是一件容易的事情。它需要孩子有足够的定力，因为诚实的孩子也许会吃亏，也许会受骗，但她绝不会因此而远离诚实。

父母培养孩子诚实的品质应从孩子小时候开始，具体可参考以下几点：

1. 以诚待人，不说假话

有的孩子有时出于某种目的，或保护自己，或害怕承担责任，遇事就逃避现实而撒谎骗人。其实，每撒一次谎，就会给自己的生活增添一份烦恼，因为说谎后内心总是担心假话被人识破。假话多了，自然会出漏洞，时间长了，自然无人敢相信你。对此，父母要告诉孩子：与其天天戴着假面具，自欺欺人，倒不如老老实实地在人前袒露真实的我，人们不会因为谁有缺点就疏远谁，只要自己有诚实做人的决心和勇气！

2. 告诉孩子不弄虚作假

学习需要孩子用科学、严谨的态度来对待，只有这样，才能掌握丰富的知识，具备出众的才能，赢得人们的尊重。倘若为了追求虚荣、功名而弄虚作假，抄袭、剽窃他人的成就，即便获得了好成绩也不会心安理得。

3. 鼓励孩子说真话

父母是孩子最信得过的人，孩子听到什么事情或是想到什么东西，都习惯告诉父母。这时，不论孩子说的是什么，父母都要认真、耐心地听完。如果孩子因为说真话在外面吃了亏，父母应想办法帮助孩子解决难题，明确表示支持孩子讲真话，鼓励孩子做一个真诚的人。

培养女孩与人相处的能力

相比男孩而言，女孩天生就具有更强的与人相处的能力，这是因为女孩更善于观察和了解他人的内心。

一个两三岁的小女孩，在父母不高兴的时候，就会尝试进行安慰；当女孩看到小动物受到伤害，会更富同情之心、救助之心；女孩性格温柔、说话细声细气，所以很容易找到知心的小伙伴。

那么，既然女孩天生就有很好的与人相处的能力，父母是不是就可以忽视这方面的教育呢？答案当然是否定的。教育专家指出："中国的父母，有教育多个子女的经验，却没有教育独生子女的经验；有教育贫穷时代孩子的经验，却没有教育富裕时代孩子的经验。"这句话，可谓一语中的地道出了中国家庭教育的弊端。

过去，因为兄弟姐妹的存在，更善于理解他人的女孩早早就学会了与人分享、体谅他人；而当今的社会，独生子女则更青睐于独自占有、独自享用。

过去，物质贫乏，女孩早早地学会了更多的生存本领、交际本领；而当今物质极大丰富了，女孩不免因"小公主"般的生活待遇，而变得唯我独尊、不容他人。

一些父母对此也很是忧虑："遇到好吃的、好玩的，只要女儿要求，我总会不遗余力地满足她的心愿。结果，孩子现在变得很自私，什么都喜欢自己独占，和我分享都不愿意。"

"我家女儿性格很内向，不仅不愿意参加集体活动，在学校也没有一个朋友。这样下去，长大后的她又怎么能适应这个社会呢？"

父母的担心不无道理，孩子如果养成自私自利的个性，自然不会得到他人的喜欢和接纳；孩子如果性格过于内向，无法与他人交流情感，也会产生很多心理方面的隐患，影响其成长。但这并不是说性格内向的孩子就无法与人很好地相处。其实，与他人相处的能力是可以培养的，交往也是有很多技巧可言的，所以，父母的教育引导十分重要。

专家给您支招

在现代社会，是否具有与人和谐相处的能力，对孩子的一生有着重大影响。在家，孩子要和家里的每一位成员相处；在学校，她要和老师、同学相处；将来参加工作后，她要和上司、同事相处……而这些关系的好坏决定着孩子的心情、精神状态以及做事的积极性。

进一步说，这将决定她的人缘、人际关系，进而决定她的发展、前途，甚至命运。

培养孩子与人相处的能力，父母可以这样做：

1. 教会孩子体谅他人

女孩是美丽的、可爱的，一个能体谅他人的女孩更美丽，更受人欢迎，能赢得父母、老师以及同龄小伙伴们的喜爱。

妈妈今天下班回来很晚，也很疲惫，但妮妮还是缠着她讲故事。累得只想睡觉的妈妈对她说："好宝贝，你已经认识好多字了，今天你自己看好不好？"

妮妮一听就不高兴了，说："妈妈，我上幼儿园也好累呀，看不动书。"

妈妈想了想说："妈妈知道你累了，可是妈妈也很累，读不动书了，妈妈没有办法给你讲故事。"

妮妮看着疲惫的妈妈，想了想说："对呀，妈妈也累了，也读不动书了。那好吧，妈妈你休息吧！"

看着懂事的女儿，妈妈高兴地笑着说："不过，你想听故事，妈妈还是给你讲吧。我虽然累了，但教育孩子是家长的责任。”

听了妈妈的话，妮妮十分感激地对妈妈说：“那就讲一个故事吧，因为妈妈也要早点休息。”

遇到这种情况，很多父母通常会尽量满足孩子的要求，即使自己很累也会在孩子面前强装精神抖擞的样子。但这样做，孩子往往从小就不会体谅父母，长大后更不会体谅他人。

要想让孩子学会体谅他人，父母就应把她当作家庭中独立的一员。每个家庭成员都要对家庭负责，都要为家庭作出贡献，孩子也不例外。

2. 鼓励孩子真诚地赞美别人、感谢别人

每个人内心都有被人肯定、受人赏识的渴望。父母可以引导孩子及时地发现亲朋好友的长处，并真诚地赞美他们。此外还要积极地发现别人对自己的点点滴滴的关爱，并说上几句感谢的话语。这些友善的小火花就像相处中的润滑剂，能起到增进情谊、化干戈为玉帛的良好作用。

这里还有个小秘诀，父母应告诉孩子：微笑是与人相处的最好的通行证。每天都要面带微笑，以一种宽容、欣赏的心态来与别人相处。久而久之，这样的习惯会融入孩子的血脉，为她日后的发展奠定良好的基础。

3. 引导孩子尊重他人的意见，学会换位思考

想要与人和睦相处，就要学会换位思考，将心比心。当别人的意见与自己不一致时，不要一开始就否定，而应该先考虑别人意见中合理的地方，从大家都赞同的地方开始，气氛就能缓和融洽了。说话时，应尽量把句号变为问号，这样，孩子一定能够拥有融洽的人际。

锻炼女孩良好的社交口才

有位伟大的诗人说过："语言是人的力量的统帅。"而今，说话、演讲的能力已经成为现代人必须具有的重要能力，如果你想要孩子有个成功的未来，一定要在她小的时候就努力培养她的口才。

下面是一个关于中国女孩韩雪如何用技巧与人交往的故事：

应聘时，由于专业方面的能力不能胜任，面试官拒绝了韩雪的求职申请。

韩雪得知自己被淘汰出局后，脸上露出失望、尴尬的神情。但是她并没有马上离开，而是起身对面试官说："您能否给我一张名片？"

面试官有点不屑地看着她，从心底对这个死缠烂打的求职者缺乏好感。

"虽然我无法成为贵公司的员工，但我们也许能成为朋友。"韩雪坚持着。

"哦？你这么想？"

"任何朋友都是从陌生人开始的。如果有一天你找不到打网球的搭档，可以找我。"

面试官看了她一会儿，掏出了名片。

后来，他们果然成了好朋友。回忆他们相识的过程，韩雪感慨地说："其实最可怕的，不是失败本身，而是失败后的尴尬。很多人不敢去做一些本来可以做的事，就是害怕丢脸。可是真正丢脸的不是失败，而是甚至不敢想象失败。其实，很多事情都是从尴尬开始的，包括交朋友。"

从上面的故事可以看出，在与人交往中巧妙运用技巧对成功是多么重要！

同样，在交往中会说话也是一种微妙的技巧，下面这个小故事就生动地说明了这一点。

一个8岁的小女孩问她的妈妈：“妈妈，路边的花儿会说话吗？”

“噢，我亲爱的宝贝，花儿如果不会说话，春天该多么寂寞，谁还对春天左顾右盼呢？”

小女孩满意地笑了。

小女孩长到18岁，问她的爸爸：“天上的星星会说话吗？”

“噢，孩子，星星若能说话，天上就会一片嘈杂，谁还会向往天堂静谧的乐园呢？”

小女孩又满意地笑了。

女孩长到28岁，已经是个成熟的女性了。这一天，她又问做外交官的丈夫：“昨晚的宴会，我的举止言谈合适吗？”

“亲爱的，你简直棒极了，”外交官不无欣赏和自豪地说，“你说话的时候，像丁冬的泉水，悠扬的乐曲，虽千言而不繁；你静处的时候，似浮香的荷、优雅的鹤，虽静音而传千言……亲爱的，能告诉我你是怎么修炼的吗？”

妻子笑了：“8岁的时候，我从当教师的妈妈那儿学会了和自然界的对话。18岁的时候，我从当作家的爸爸那儿学会了什么时候该说话，什么时候不该说话。在见到你之前，我从哲学家、史学家、音乐家、外交家那里学会了和什么样的人谈什么样的话。亲爱的，我还从你那里得到了思想、智慧、胆量和爱！”

专家给您支招

人生的际遇有很多，一个人能否成功，关键在于是否有足够的能力去争取到，把握住。有时争取到一个机会，只需一句话，但不要小瞧一句话的功效，它会让我们交到一个朋友或找到一份工作，甚至改变我们的一生。在培养孩子的社交口才和说话技巧上，以下方法值得借鉴：

1. 教育孩子，要敢于说话

人人都能接受成功的喜悦，却极少有人能坦然面对失败的尴尬，因为自尊心使然，还怕自已丢人没面子。其实，成功与失败、喜悦与尴尬分别又有多少？能够坦然面对尴尬的人反而是勇敢的人，千万不要被自己的想象吓倒，因为机会不是随时都有的。

2. 注重充实孩子的内心世界

淡吐不俗，举止优雅，是一种美、一种境界。优雅，是女孩魅力的至高境界。因为真正的优雅可以驱散面容的缺陷，抵制岁月的侵蚀，几乎结合着所有的内在美。要想变得优雅，一定要充实内心世界、注重心灵锤炼，让美好的气质在孩子的身上和心中生根发芽。

培养女孩与人合作的精神

21世纪是一个合作的时代，合作已成为人类生存的手段。因为科学知识向纵深方向发展，社会分工越来越精细，人们已不可能再成为百科全书式的人物。每个人都要借助他人的智慧完成自己人生的超越，于是，这个世界充满了竞争与挑战，也充满了合作与快乐。

据一项问卷调查显示，父母最关心的是孩子的学习成绩，最高兴的是孩子在班级中学习成绩名列前茅。这种片面强调智力竞争，忽视合作精神培养的现象是错误的。

在日常生活中，有许多事情必须要由两个或两个以上的人合作才能完成，仅凭一个人的力量是无法做到的。父母可以利用一些机会让孩子体验一下个人无法完成的挫折感，从而懂得与人合作的重要性。

有一位小学老师为了让学生明白与人合作的重要性，特地上了一堂有意思的课。在这堂课上，老师先请一位同学走上讲台，让他伸出自己的手，分别谈一下每根手指头的优势和长处。这位学生说："大拇指可以用来赞扬别人，食指可以用来指示事物，小指可以用来勾东西，中指可以……"不等这位学生说完，台下的学生纷纷帮他说了许多每个手指的其他优势。

这时，老师笑眯眯地拿出一只玻璃杯，只见玻璃杯里面有几个玻璃球。老师对大家说："现在，请你们把玻璃球从玻璃杯里取出来，每个同学都有一次机会。你们可以用你们认为最有本事的那个手指把玻璃球从杯子里取出来！记住，只能用一个手指。"孩子们的热情被老师鼓舞起来了，教室里的气氛非常热烈。每个同学都认真地走上去，用他们的手指去取玻璃球，然而，不管他们怎么努力，玻璃球就是取不出来。孩子们都十分着急。

这时，老师再次对他们说："好了，你们可以邀请另外一个手指与原来那个手指合作，一起来取玻璃球。"这次，孩子们个个把玻璃球取出来了。

活动完成后，老师对孩子们说："现在你们应该明白了，一个人无论有多大的才能，总有无法独立完成的事情，人与人的合作是多么的重要。"

在这个世界上，合作与竞争是密不可分的。许多父母总是教孩子与人竞争，希望孩子超过他人。确实，竞争具有一种神奇的力量，能够调动孩子的积极性，激发孩子的上进心。但是，竞争的同时也需要合作。成功的合作可以让孩子产生良好的体验，带给孩子无穷的乐趣，进而促进孩子的合作意识和合作行为。

因此，父母应该积极教导孩子在学好各种本领、掌握多种能力的同时，注意培养团队合作精神，引导孩子积极参与竞争。

专家给您支招

孩子合作能力的培养对其一生的发展都至关重要。作为父母，应激发孩子的合作兴趣，为她创造合作的机会，指导她掌握合作的技巧与方法，培养她的分享意识与能力，体验合作的乐趣，为其良好个性的发展奠定扎实的基础。

具体来说，父母应该如何培养孩子学会与人合作呢？

1. 让孩子在游戏中学会合作

游戏是培养孩子合作能力最有效的活动。不少游戏是集体进行的，将孩子们分成几组，按照规则以小组为单位争胜负。这时，同一小组的孩子需要齐心协力，共同合作才能取胜。如果孩子自以为是，不顾别人，别的孩子就会不愿意再与她一起玩，使她感受到被排斥的滋味，从而想方设法与其他人去合作。

2. 让孩子体验合作的乐趣

成功的合作可以让孩子产生良好的体验，这种体验能够带给孩子无穷的乐趣，进而促进孩子的合作意识和合作行为。我们都熟悉的拔河竞赛，便是让孩子们尽力通过合作去战胜对方。如果孩子一时没有取胜，父母也不要责怪孩子，而应让孩子明白，成功的合作不一定要达到现实的目标。虽然有些合作的结果是失败的，但是，在合作过程中，参与者都尽了自己的努力，同时，每个参与者都感到非常愉悦，这就是一种成功的合作。

3. 让孩子了解一些合作的规则与技巧

父母要常给孩子灌输这样一种思想：任何人都有他的长处，要善于发现别人的长处，学会真诚地欣赏别人。人无完人，切不可因为别人有这个缺点或那个毛病，就嫌弃他、疏远他。学会关心别人，是形成合作能力的前提，而合作能力则是市场经济条件下生存与竞争能力的重要体现。

如果一个孩子没有学会合作之道，必定会走向孤僻之途，并产生严重的自卑情绪，影响一生的发展。孩子不可能一辈子在父母的庇护下生活，只有逐步适应外界环境，学会与同伴交往合作，才能健健康康、活活泼泼地成长。

4. 让孩子多参加有利于产生合作关系的活动

没有合作的氛围，难以形成合作的习惯。父母可以让孩子从小玩一些诸如共同搭积木、拼图等需要协作的活动，还可以鼓励孩子参加足球、篮球、排球、跳绳等体育活动。这些活动既有团体之间的对抗与竞争，又有团体内部的协调与一致，有利于培养孩子的合作精神。

提醒女孩学会自我保护

走入社会后，女孩必然要和很多人交往， 这时不能光用柔性交际艺术，还要有刚性交际艺术。谈话时，注意不要让男性朋友产生误解。毕竟是交朋友，而不是做恋人，与朋友交往言行举止要有分寸。

在正常的人际交往中，美丽温柔的女孩通常表现得比男孩会关心别人，这时应注意分寸，不要有过分亲昵的表示，如甜蜜的话语、多情的眼神、超乎寻常的热情等。

对男士的亲昵举止要明确表态，及时制止，不要拖泥带水，如此刚柔相济，做到防患于未然。

当误会产生时，表态一定要坚定，不可说些似是而非的话，如“让我再考虑考虑，我暂时不想谈……”这样会给多情的男孩留下一线希望。要知道，只要略有一点幻想，有的男孩便不会死心，直到碰得头破血流才画上一个句号。

生活中，一些有远见的家长就很注重这方面的教育，他们深深懂得，孩子的人身安全是第一位的大事，而保护她们的最佳手段莫过于让她们自己掌握保护自己的方法。

哈佛女孩刘亦婷的母亲就是这样一位家长，我们可以参考一下这位优秀母亲的做法。

从上幼儿园开始，妈妈就告诉婷婷：妈妈不会委托任何人以任何理由来接她，所以，谁打着妈妈的幌子来接她，都不能跟着走。为了让孩子对此重视起来，妈妈还设计了很多“演习”，让婷婷识别各种可能的骗局。

婷婷从小学二年级起就独自坐公共汽车上学，一天来回4趟。在这个过程中，妈妈还是很担心，为了提高她的警惕性，妈妈经常用报纸杂志上拐卖妇女儿童的案例做教材，分析骗子常用哪些骗术，被骗的人自身又有哪些弱点容易上当受骗。分析之后，妈妈把避免意外的原则归纳为两句话：一是危险的地方不去，二是不贪图任何“好处”。

在父母的反复强调下，婷婷很早就懂得了保护自己。

中午的时候，由于父母忙于工作，通常都是婷婷一个人在家。为了防止意外，妈妈给她做了一条硬性规定：独自在家时，不给任何人开门，对自称是服务维修的人员，也告知他等家长回来再说。

女孩的安全问题不容忽视，父母要从小就给自己的女儿灌输保护自己的思想。有了这种意识，才能够以不变应万变，避免把安全问题复杂化。

女孩越大，交际范围越广，需要了解的安全常识也就越多，除了防备人贩子，还要防备被男性欺骗和伤害。

专家给您支招

作为父母，要尽早让孩子明白什么是性侵犯以及受到性侵犯怎么办，使孩子懂得，自己的身体任何人都无权抚摸或伤害，受到侵犯应向信赖的成年人和警察求助。具体而言，父母可以这样教育孩子：

1．告诉女孩不要喝陌生人给的饮料，不要吃陌生人给的糖果或其他食物，不要到荒凉或偏僻的地方玩耍，发现坏人要及时打110报警。

2. 告诉孩子要记住家庭地址及父母的工作单位、电话号码，有事及时联系。

3. 进出电梯应注意同乘者是否面露邪恶、是否不按楼层。尽量站在离控制钮近的地方。一旦被攻击，立即用手拍打按钮，此时电梯会在每个楼层停下来，同时对外大喊失火了！不要徒手跟歹徒搏斗。

4. 单身到公共场所喝东西，如果没有喝完就去上厕所或离开打电话，回来最好不要再喝了，以免中途被下药。

5. 晚上尽量不要独自外出，晚归时应走灯光明亮的街道，或是逆向行走，以便掌握路况；上楼时，先按门铃请家人下楼接应，以免歹徒躲在楼梯间。

6. 孩子外出，应随时与父母联系，未经父母许可，不可在别人家夜宿。

这些做法都能有效提升孩子的安全系数，而且可操作性极强，对孩子的自我保护很有效。

把孩子的人身安全放到最为重要的位置上，确保孩子健康成长，是一个相当艰巨的任务，也是父母们最关心的问题。但是，仅靠父母防护还不够，孩子必须要有强烈的自我保护意识，学会警惕那些可能导致危险的人和物，牢记"安全第一"，才能使自己的人身安全得到最大限度的保障。

鼓励女孩信守诺言

古语有云："人而无信不知其可也。"无论古今中外，人们都是把信守诺言作为人际交往中一条极为重要的道德准则。人们常常把"一诺千金"、"黄金诺"等美名加给讲信用、守诺言的人，可见信守诺言的可贵。

能信守承诺的人不仅能博得别人的合作，还会赢得他人的尊敬。所以，作为父母，从小就要教育孩子信守承诺。

宋庆龄小的时候，一次，妈妈给她讲了一个"自食其言"的故事：

春秋战国时，鲁哀公的身边有一个重臣叫孟武伯，他有一个最大的毛病就是说话不算数。因此，鲁哀公对他很不满。一天，哀公举行宴会招待群臣，孟武伯和哀公的宠臣郑重也参加了这次宴会。孟武伯向来不喜欢郑重，便借机在宴会上出郑重的洋相，问道："郑先生怎么长得越来越胖了？"哀公听到后，插嘴说："一个人常常吃掉自己的诺言，当然会长肥呀！"在座的大臣一听就知道哀公并不是批评郑重，而是暗中指责孟武伯说话不算数。

妈妈讲这个故事是要教育宋庆龄说话要算数，要谨守诺言。对此，宋庆龄铭记心间。

一个星期天，爸爸准备带着全家去朋友家做客。孩子们大都穿好了礼服就要出发了，只有宋庆龄仍在钢琴前弹奏着那动听的旋律。

妈妈喊道："孩子们快走吧，伯伯正等着我们呢！"

听到妈妈的喊声，宋庆龄立即合上琴盖，跑出房间，拉着妈妈的手就走，刚迈出大门，她突然又停住了脚步。

"怎么啦？"一旁的爸爸看到庆龄停住了脚步，不解地问道。

"今天我不能去伯伯家了！"庆龄有些着急地说。

"为什么不能去，孩子？"妈妈望着女儿说。

"妈妈，爸爸，我昨天答应小珍，今天她来咱家，我教她叠花。"庆龄说。

"我还以为有什么重要的事情呢，这好办，下次再教她吧！"爸爸说完，拉着庆龄的手就走。

"不行！不行！小珍来了会扑空的，那多不好呀！"庆龄边说边把手从父亲的大手里抽回来。

"那也不要紧呀！回来后你就到小珍家去解释一下，并表示歉意。明天再教她叠花不也可以吗？"妈妈说。

"不！妈妈，您不是常说要信守诺言吗？我答应了别人的事，怎么可以随意改变呢？"宋庆龄不停地摇着头说。

"我明白了，我们的罗莎蒙黛是一个守信用的孩子，不能自食其言是吗？"妈妈望着庆龄笑了笑，接着说，"好吧，那就让我们的罗莎蒙黛留下吧！"

因放心不下家中的小庆龄，父母在朋友家吃过中午饭，就提前匆匆地回到家中。一进门，爸爸就高声喊道："亲爱的罗莎蒙黛，你的朋友小珍呢？"

宋庆龄回答说："小珍没有来，可能是她临时有什么急事吧！"

"没有来，那我的小罗莎蒙黛一个人在家该多寂寞呀！"妈妈心疼地说。

"不，小珍没有来，家中虽然只有我一个人，但是我仍然很快活，因为我信守了诺言。"宋庆龄辩解道。

听了小庆龄的话，宋庆龄的父母满意地点了点头。

为人父母要像宋庆龄的妈妈那样，教育孩子对别人要讲信用、负责任，答应别人的事要兑现；如果经再三努力仍没有做到，应诚恳地说明原因，表示歉意。当孩子诚实守信时，父母也要给予鼓励和支持。一个言而无信的人，是没有人愿意与她合作的。

专家给您支招

父母可以从以下几个方面培养孩子信守诺言：

1. 给孩子做一个榜样，做不到的事情就不要答应

父母通常会觉得自己不得不答应孩子，答应虽然好，但是，如果答应后又满腹怨言，就会产生相反的结果。要想向孩子表明如何避免被迫作出承诺，首先父母就不能强迫她作出承诺。

2. 让孩子考虑是否可以答应

父母要教育孩子考虑是否应当答应，凡不应做的事就不要答应，让孩子知道感情用事、讲“义气”和讲信用不是一回事。守时和守信，在很多场合是紧密相联的，父母要善于把它们融汇贯通，一起训练、培养，使孩子养成良好的守时守信习惯。

3. 鼓励孩子提高认识

如果孩子表现出不守信用的现象，可能是由于孩子认识不清、把希望当成真的、把幻想看成现实而造成的，父母应该让孩子分清真假，面对现实中正在发生的事件，鼓励孩子做有意义的事，逐渐认清现实，减少对现实的夸大。

引导女孩学会与人交往

生活中，很多女孩表现得不善交际，在与人交往时往往表现得拘谨胆小、害羞怕生、孤僻退缩，或以自我为中心、不善合作，不会体谅他人。因此，她们常常表现出不愿见陌生人，也无法与别人相处，更没有美好的友谊。

12岁的小娟是个性格内向的孩子，平时除了上学，大部分时间她都自己一个人待在家里，也没有特别亲近的朋友。有一次，她非常郑重地对父母说：长大以后，她要找一个少跟别人打交道的工作，当个电脑程序设计师或是自由职业者，省得总和其他人纠缠，怪烦人的……

一个不善于交际的孩子，往往会因为不能从容地与同龄人交往，而感受不到生活的快乐。上例中提到的小娟，因为不善于交往，进而对交际产生腻烦心理，长大以后的她又怎么会不陷入离群索居的孤独境地呢？

无数事实证明，不善交际的女孩，不仅不爱到学校学习，还很容易因此而产生厌学情绪，对她日后的人生发展将产生很大的影响。

其实，由于女性荷尔蒙的作用，女孩生来就有一种喜欢和他人亲近的欲望。那么，为什么很多女孩的交际表现却不尽如人意呢？这其实与父母的教育方式有很大关系。

很大一部分女孩，个性中都有拘谨胆小、害羞怕生的一面。加上父母对女孩的保护欲要更强一些，于是很多女孩的交往欲望都被父母的不当教育所摧毁。例如，很多父母这样告诉自己的女儿：

“不要和学习不好的同学一块玩！”

“不要和男同学来往过于密切！”

“不要和那些坏孩子走得太近！”

父母的这些要求往往会让女孩不知道何去何从，或者让她们封闭自己、不爱与人交往，或者让她们变得人缘不好……

除了不当的交际教育外，在教育女孩的时候，父母们最容易走入的一个误区就是——代替孩子交往。

有个妈妈虚荣心很重，每当她带着女儿见到熟人，孩子还没有说话，妈妈就先开了口："我们家孩子胆子比较小、内向、羞怯。"

其实，妈妈是担心孩子说话笨嘴笨舌，说得不得体而让她没面子。这样一来，孩子本来想要说的话也不敢说出口了。

当父母代替孩子交往的时候，实际上是在保全自己所谓的"尊严"和"面子"。这样做，父母虽然保全了"面子"，孩子却丧失了可贵的交往机会。

在孩子的交际方面，父母可按以下方法进行教育引导：

1. 教给孩子基本的交往技能

孩子的交往技能，如分享、协商、合作等，需要父母在潜移默化中传授给孩子。一位品学兼优的女孩说，小时候妈妈给她讲的一个故事令她终身难忘。故事是这样的：

一个女孩走过一片草地，看见一只蝴蝶被荆棘弄伤了，于是小心翼翼地为它拔掉刺，让它飞向大自然。后来，蝴蝶为了报恩化做一位仙女，对小女孩说："因为你很仁慈，请你许个愿，我将让它实现。"小女孩想了一会儿说："我希望快乐。"于是，仙女弯下腰来在她耳边悄悄细语一番，然后消失无迹。

小女孩果真很快乐地度过了一生。她年老时，邻人要求她："请告诉我们吧，仙女到底说了什么？"她只是笑着说："仙女告诉我，我周遭的每个人，都需要我的关怀。"

这位孩子的母亲通过一个生动的故事，教孩子学会关怀别人——这正是培养孩子社交能力的根本。

此外，为了让孩子成为受同伴欢迎的人，在交往中得到更多快乐，父母应有意识地教给她一些交往的技能。

（1）让孩子学会容忍与合作。在交往中，当遇到与自己意愿相悖的事时，父母应教育孩子学会忍让，与同伴友好合作，暂时克制自己的愿望，服从多数人的意见。

（2）学习遵守集体规则。父母应告诉孩子，只有自觉遵守集体规则的人，才能得到大家的喜爱，也才会有更多的朋友愿意和她一起玩。

（3）培养孩子乐于助人的品质。父母要鼓励和支持孩子帮助其他朋友克服困难，如朋友摔倒了要帮忙扶起来、同伴的玩具不见了帮着去寻找等。要让孩子知道乐于助人的人才会有很多的朋友。

2. 多让孩子与生人接触

很多女孩在交际方面都具有两面性——她们可能在家里能说会道，但在外面却显得拘谨、胆小。针对这个问题，父母要多给孩子提供与生人交往的机会。

一位妈妈这样总结自己的教育经验：

女儿天生胆小，从来不敢与人交际。为了锻炼孩子的交际能力，我就经常鼓励她与陌生人进行交流，并为她创造一些交际的条件。

到公园游玩的时候，我拿出零食递给她："去和对面的小朋友一起分享吧！他们很想认识你呢！"

去商店购物的时候，我会鼓励女儿说："帮妈妈问问营业员阿姨，这个商品还有其他牌子的吗？妈妈想给你买一个更好的。"

女孩怕生是很正常的现象，父母对此不必过分着急，只要经常有意识地给孩子创造与他人交际的机会，孩子必然会克服"怕生"的问题，交往能力也会得到提高。

第八章　帮助女孩安度青春期

青春期是女孩人生中一段艰苦的岁月，是女孩从童年往成年的过渡期，在这一时期，女孩面临着身心巨变。身体上，第二性征的初步发育，使其或是恐惧地不敢面对一切，对成长中的变化无所适从；或是感到事事不顺心，心里充满了困惑和叛逆。这时就需要父母对女孩进行合理的教育，帮助她顺利度过青春期。

帮助女孩认识青春期特征

青春期在生物学上是指人体由不成熟发育到成熟的转化时期，也就是一个孩子由儿童到成年的过渡时期。一般来说，女孩的青春期比男孩早，大约从10~12岁开始，而男孩则从12~14岁才开始。面对青春期成的变化与困扰，父母要尽力帮助孩子正确认识自己的生理特征，引导孩子健康成长。

从上六年级开始，小夕和她的好朋友们的烦恼就不断到来。

不知为什么，小夕总是感觉自己吃不饱，每顿饭都要吃很多东西，有时还得另外加餐。爸爸笑她快变成贪吃的“小肥猪”，她也觉得自己似乎长胖了，于是偷偷称量了一下体重，发现真的重了不少。小夕难过得简直想大哭一场，难道自己真的要越来越胖，最终会变成“小肥猪”了吗?

小青渐渐鼓起的胸部让她羞于面对他人，小时候惯穿的紧身上衣也不敢穿了，总觉得好羞耻，在大家面前她再也不是那个挺胸抬头、自信可爱的小姑娘，总是很窘迫地含胸驼背，低着头，怕别人注意到自己异常的胸部，不知道究竟怎样才好。

小荟发现自己的腋间和阴部都长出了又黑又粗的蜷曲毛毛，难看死了，让人知道了会被嘲笑的，就再也不敢和昔日的好姐妹们一起洗澡了。

小梦则遇到了最恐怖的事情。有一天上厕所，她竟然看到自己内裤上突然有了血。“我这是怎么了？我是不是要死了？”几个好朋友也从来没有遇到这种情况，同样惶恐而不知所措，呆呆地看着她哭泣。

为什么会遇到这么多奇怪的事呢？难道是因为我们做了什么不乖的事情，上天在惩罚我们吗？几个小女孩陷入深深的苦闷之中。

其实，这都是青春期的正常生理反应，一旦进入青春期，女孩的女性特征开始明显显现，面对这些变化，很多女孩因为没有受到及时的相应教育，大多会手足失措，甚至陷入恐慌。所以，女孩的父母，尤其是女孩的妈妈一定要做好女孩青春期生理特征的教育准备，让她们能够正确面对并适应那些变化，然后安全快乐地度过青春期。

身高和体重的迅速增长是青春期的一个显著变化。在这之前，女孩的身高大约每年增长3～5厘米，在青春期则几乎加倍，每年增长6～8厘米，甚至会达到每年增长10~12厘米的速度。这种身高的迅速增长大约持续两三年，主要是下肢骨的增长，在这个长高的黄金时间加强锻炼，会使女孩容易长到理想的高度，而在这之后就主要靠脊椎骨的生长长高了。

女孩一般在19～23岁身高定型。定型前，随着身高的迅速增长，体重也会明显增加，平均每年可以增加5～6公斤甚至8～10公斤。实际上，不论男孩还是女孩，在青春期体重几乎都增加了一倍，而且在性成熟后还会继续增加体重，因为体重除了与骨骼的生长有关，还和内脏的增大，特别是肌肉和脂肪的增加有关。女孩皮下脂肪会增多，往往显得比较丰满，有些女孩就觉得自己太胖了，其实只要注意观察一下周围的同龄人，就会发现大多数人也常常有类似的变化，这是正常的发育现象，不用刻意去减肥。

至于毛毛和乳房的问题，这是女孩第二性征发育的必经阶段，应理性对待。一般在10岁左右的时候，女孩的皮下脂肪就开始变厚，臀部变圆，乳房开始发育；11～12岁，乳房继续发育、稍微鼓起，出现阴毛，声音变高变细；13岁，乳房显著增大，长出腋毛，出现月经；14~15岁，乳房基本发育成熟，胸部丰满，手臂、臀部变圆，腰部相对较细，骨盆明显变宽，月经基本形成周期，脸上可能会长青春痘。

在所有变化中，最令女孩感到惶恐不安的是月经问题。月经是女孩生理发育到一定程度时，子宫内膜在卵巢分泌的性激素的作用下，发生周期性的剥离、出血现象。女孩的第一次月经称为初潮，它的出现掀开了女孩生命中新的一页，标志着她的身体开始成熟。大多数女孩的初潮年龄是十二三岁，但因为初潮年龄受着诸如种族、文化、气候、环境、体质、运动、营养等因素的影响，时间相差几年都是正常的。

在我国，总的来说，当代女孩的初潮年龄早于前代，城市女孩的初潮年龄要早于农村女孩。这主要是由于营养的改善，以及现代都市的文化刺激比较丰富所致，女孩越来越偏向早熟。即使是同年的女生，月经初潮年龄也有很大差异，有的女孩发育早，10岁左右就有了月经，而有的女孩初中毕业了还没有动静。来得早的不用惊慌，来得晚的也不必担心，这只是发育早晚的问题，等到了一定程度它就会自动出现。

陪伴孩子正确认识青春期、适应青春期、度过青春期，妈妈要做到以下几点：

1. 让孩子了解青春期的生理常识

青春期是小女孩走向大女孩的分水岭，身体上会出现前所未有的变化，这个时候，小女孩往往会感到恐慌害怕，不知所措甚至做出一些有悖于身体发育的事情，如含胸驼背、束胸等。妈妈应该及时告诉孩子青春期的生理常识，和孩子一起了解女性的身体，可以告诉她每个方面的变化的缘由，或者给她买些相关的书籍。

2. 让孩子坦然面对月经问题

有的女孩在月经第一天会浑身不舒服甚至有剧烈的痛经，因此非常讨厌月经，其实这是女性的伟大母性的开端，具有神圣的意义。还有的女孩担心每个月流那么多血会影响健康，其实经血并不是通常意义上的血，而是血液向身体提供养料后剩下的废物，每月将这些没用的东西排出体外，不会损伤元气，反而会有好处。有的女孩在初潮后的一段时间内，月经常常没有规律：有的几个月不来，有的间断无规律，有的经期长短不一，也有的经血多少不等。一般来说，初潮到下一次月经的间隔时间在9个月以内都是正常的，而到正常周期月经的时间正常范围是两年内，所以不必担心。毕竟这对身体来说也是一件大事，要持续许多年，需要一段时间来完善发展。

引导女孩正确看待减肥

如果你对一个五六岁的小女孩说："你怎么这么胖呀！"她一定会情绪低落地认为，胖就是很丑的样子。

如果你对一位青春女孩说："你最近胖了！"不管表面上什么反应，她心里一定会不高兴，甚至不想再理你。她可能会觉得你真是哪壶不开提哪壶，不懂礼貌与尊重。

如果你见到一位"发福"的中年女性说："最近你好像瘦了点！"即使她知道事实并非如此，也会以愉快而热情的态度对待你，因为她最喜欢"瘦"这个字。

当代人的审美观越来越像"楚王好细腰"，于是，运动减肥、节食减肥、药物减肥等与减肥有关的一切，都成为了女性最时尚的话题。理所当然地，这一时尚风也刮到了爱美的青春期女孩的阵营里。

实际上，青春期的女孩只知道"胖了不好看"，并不知道什么程度才好看，对自己的体重身高和身体健康没有一个科学的认识。因此，父母有必要告诉孩子标准体重的计算公式：

标准体重（上下浮动10%）（kg）=（身高的厘米数-100）×0.9

理想体重（kg）=标准体重×（1±10%）

超重：标准体重×（1±10%）≤实测体重<标准体重×（1+20%）

偏瘦：实测体重≤标准体重×（1-10%）

专家给您支招

“爱美之心人皆有之”，父母们也希望女儿越来越漂亮，不过，减肥不能走入极端，否则会对身体产生危害。那么，作为父母，应该如何让孩子正确认识和看待减肥呢？

一位优秀的妈妈给我们做出了榜样：

女儿上小学六年级时，有一天从学校回来就向我抱怨：“妈妈，感觉我好胖呀！”其实我的女儿是中等身材，不胖不瘦刚刚好，我从来没有在女儿面前抱怨过自己的体重或评论过别人的体型等，女儿这样说让我意识到女儿可能听别人说了些什么。于是，我装作无意地问女儿：“你是不是听别人说了些什么呀？”

“今天上体育课的时候，我后面的两个男生一直在嘲笑我们班那个胖胖的女生，说了又说，好讨厌。”

“是不是那个叫小娜的女孩呀？”

“是呀。”

“以前开家长会时，我听你们老师多次说过这个女孩，她很善良，经常做好事，比如帮助学习不好的同学补课、扶老奶奶过马路等助人为乐的事。我觉得你们都还小，不管她的外型怎样，她有一颗美丽、善良的心，有真正的心灵美，所以她是最美的，连你们老师都这样说。”

女儿听了我的话，认真地点了点头，似乎想明白了，从此再也没有提过自己很胖这件事。

现在女儿上初中了，随着青春期的到来，她的身体也开始向成熟发育，我觉得有必要让她知道真正的女性美以及女性身体最美的是什么，于是找了个很好的时机与女儿聊天。

“女儿，你觉得什么样的女人最美？”

“那些瘦瘦的女人，身材特别好。”

“傻女儿，那只是一部分人的眼光，很片面，告诉你吧，真正的女性美是一种曲线美。身体各部位都按它应有的样子发展，比如坚挺的乳房、丰满的臀部、柔软的腰肢等，这才是真正的女性美。”

的确，与男性相比，女性全身的脂肪会更多一些，大约占体重的22％。但也正是这些脂肪赋予了女性别样的美，如果没有这些脂肪，根本谈不上美，平平的胸、平平的臀部……这样的女性与男性有什么区别？她们根本就无法体现女性美。所以，如果青春期的孩子嚷着要减肥，父母有必要告诉她什么才是真正的女性美。

另外，父母还应让孩子认识到盲目减肥的不良影响。如果她想把自己减成“排骨”，除了体现不出女性美外，还可能导致一系列的问题，如影响发育、月经紊乱、体弱多病，甚至影响将来的生育等，后果极为严重。

适合青春期女孩的健康食谱

青春期正是女孩发育的黄金阶段，父母要特别注意孩子这个阶段的饮食。

很多女孩一进入青春期，大都开始追求美丽，希望自己有一个健美的身体。因此，有的为了身材苗条，不注重锻炼，反而节制饮食，造成热量不足、蛋白质缺乏，身体发育代谢减弱，失去了女孩应有的青春亮丽光彩，也严重损坏了身体健康，这种不合理的方式百害而无一利。更有甚者过多地进食高热量食品，甚至乱吃补品、补药，结果体内发展不平衡，代谢紊乱，臃肿虚胖，毫无健美可言。

就像蝴蝶效应一样，一个不足10岁的小女孩，她的日常饮食可能会决定她30岁以后是否得乳癌，听起来是不是有点邪乎？最近，世界卫生组织的国际癌症研究中心证实了这一点。该中心通过大量的证据显示，女性人生最初10年的饮食与她们成年后的健康状况息息相关，30%的乳癌和结肠癌的女性患者，都在幼时营养不当、常吃快餐。

中心主任保罗·克雷胡斯博士解释说，过胖的小女孩进入青春发育期后，体内有助于诱发乳癌的雌性激素就随多余的脂肪一起贮存下来。父母应该避免给孩子吃高脂肪、低纤维的快餐和肉食。现在的快餐营养搭配十分不合理，脂肪含量过高，孩子们喜欢吃又吃得太多，非常不利于健康。癌症研究运动中心主任乔丹·麦克维教授说，越早改变孩子的饮食结构越好，当然，在青春期再调整依然有效，毕竟青春期才是女孩乳房及各部位发育的关键阶段。

青春期是生长发育的重要时期，孩子的身体急需各种营养以及营养的平衡，首先是对蛋白质需求较多，饮食上要粗细粮均食，副食上可多食用牛奶、奶制品、鸡蛋和肉类等，还要注意多食蔬菜水果补充维生素。在女孩生长发育期，因骨骼的生长使钙磷需要量也多，如摄入不足，就会影响骨骼的生长发育，长不高甚至长成畸形，破坏体形的优美。

因此，日常必须多食用含磷钙多的食品，如牛奶、鸡蛋、虾及黄豆、芝麻、菠菜等。维生素也是这一时期至关重要的营养元素，不同的维生素有不同的功用：维生素A能维持身体的正常生长发育，使人目光明亮；维生素D不足可发生轻变的佝偻病或骨质疏松症；维生素C缺乏容易出血；维生素B可使皮肤光滑。这些维生素多存在于动物肝脏、蛋类及鱼肝油、菠菜、胡萝卜、辣椒等食品中，新鲜蔬菜和水果则含维生素C多。

此外，动物肝脏、油菜、芹菜等含铁质多，也应多吃，以补充因月经丢失和造血所需要的铁质。

乌黑发亮的头发是健康的象征，若想保持头发乌黑，要经常吃蛋白质、维生素、矿物质含量多的食物，如水果、胡萝卜、黄豆、花生、芝麻、鱼肝油等。

女孩青春期加强营养固然十分重要，但凡事要有度，切不可乱吃乱补，否则容易造成肥胖。必须做到补养和消耗的相对平衡，并且坚持体育锻炼，以此促进胃肠的消化和吸收，使全身得到更多营养，这样不仅身体健康少生病，而且骨骼匀称、端正，身材优美。

对于女孩青春期的合理膳食，以下方法可供参考：

1. 保证足够的热能和营养物质

谷物是人体热能的重要来源，青春期女孩每日需要摄入谷类食物约400克，可因活动量的大小而有所加减。谷物应粗细搭配，种类多样，蛋白质、铁、钙一样都不能少。有些孩子不喜欢吃粗粮，殊不知物以稀为贵，市场上的粗粮越来越少，而且粗粮中含有很多营养价值颇高的成分。

2. 不能盲目节食减肥

保持良好体形的最佳办法，就是合理、均衡的营养加上适当的体力活动。贪吃的孩子要特别注意少吃高能量的肥肉、糖果，油炸食品和其他零食也尽量少吃或不吃，以使机体的摄入与支出达到平衡。但是，如果体重超过正常体重20％以上，可以在医生的指导下科学减肥。

3. 吃饭前后注意休息

在进食前后如果剧烈运动，胃肠道的血供应就会减少，导致胃肠功能的下降，引起消化不良及一系列的胃肠毛病，所以，孩子在进食前后要注意休息，以保证胃肠的供血。但是也不要吃过饭就坐下不起或直接躺下，饭后百步走，活到九十九，可以稍微活动活动。

理智对待女孩的早恋现象

青春期以前的所谓“好感”、“喜欢”其实不算早恋，只是因为在成长环境中受现代社会电视、广告、电影等媒介的影响，很多孩子从小就产生性别意识，慢慢对异性产生好感。但是孩子天性质朴，这时候的情感大多是纯真的友谊，往往会随着年龄的增长渐渐趋于理性。因此，我们所定义的早恋，一般是指青春期阶段的非理性爱恋。

早恋，也叫做青春期恋爱，一般是指未成年男女对异性感兴趣、痴情或暗恋，或者建立恋爱关系。

青春期的孩子会在与同性人形成亲密朋友关系的同时，由于性的萌动而导致对异性的关注和渴望恋爱的感情，如果孩子自控力不强，这种关注会不断增强，以致对特定的异性萌发爱慕之情。

早恋的危害众所周知。而且与男孩相比，女孩更注重关系和感情，所以很容易在这种非理性的情感中受伤。无怪乎很多女孩的父母都视早恋为“洪水猛兽”。对此，父母更应该发挥应有的作用，对青春期的女孩做出正确的指导与教育。父母应该信赖孩子，以朋友的身份，平等的地位与孩子谈心，心平气和地帮助孩子处理情感波动的问题，慢慢培育孩子自觉地约束自己的行动。

专家给您支招

对待孩子的早恋现象，就像大禹治水一样，堵是不能解决问题的，而应予以疏导。以下方法可供父母参考：

1. 及时发现孩子的早恋倾向

早发现、早提醒、早帮助，对于早恋是一种十分有效的解决方式。

以下问题，只要超过3项，父母就该格外留意孩子是否正在恋爱或已经有了早恋倾向：

她的学习成绩突然明显下降，无缘无故地，并持续了一段时间；

她最近突然变得很爱打扮，并常对着镜子左顾右盼，每次出门前都要再照一番；

一向朴素乖巧的她，竟然主动要求父母添置时髦衣服；

回家后更喜欢一个人躲在房间里，不怎么和父母交流；

活泼好动的她开始变得沉默起来；

她的话题不再全是学校里的事，经常会无意间谈起公园、溜冰场、音乐茶座等。

她对某个异性的名字特别敏感。

2. 引导孩子理智对待早恋

一天，楚楚对爸爸说："爸，我们班上的一个男生既帅学习又好，还特别会关心人，我特别喜欢他，想和他在一起。"

父亲说："好呀，他对你有什么看法呢？"

楚楚羞涩地说："他也看上我了。"

"你会喜欢上一个男孩，说明你已经长大了，会欣赏别人了；你能被一个男生看中，说明你很优秀。如果你真的决定了，爸爸不会阻止你谈恋爱，但在此之前，爸爸得帮你把这件事分析清楚：如果你想以后一辈子都生活在咱们这个小县城里，就继续跟他交往下去；如果你想以后去大城市发展，就不要在这里给自己留下这个牵绊；如果你希望自己有一天能出国，去往世界各地，那就应该根据自己的志向来解决这个问题。人各有志，你好好考虑考虑该怎么办。"

楚楚想了想，自己的梦想是当一名外交官，在世界各地飞来飞去，去想去的地方，见各种想见的人，如果现在就把自己的归宿定在了这个小县城，的确有点为时过早了。

想清楚之后，楚楚很快就放弃了这段不理智的感情，而且再也没有此类的困扰。

青春期孩子的恋情大多是不理智的，她们只是想着眼前的美好，根本没有考虑以后。对此，父母应多提提孩子的理想，或讲讲当年自己或周围人的故事，让她知道，也许这段恋情是美好的，但她眼光短浅只能看到这里，没有未来，如果过早地把自己束缚起来，将会失去更多更美好的东西。如果孩子能想通这一点，不但会理智地放弃这段感情，还会更坚定自己的理想和目标。

3. 让孩子知道影视作品中的爱情是不现实的

女孩都喜欢浪漫，常常会动情地看电视剧或电影中浪漫而又勇于奉献的爱情，并感动得痛哭流涕，但我们都知道，这些媒体是在误导着她们的恋爱观。

女孩是爱幻想的，有时她们甚至会把自己想象成浪漫爱情故事中的女主角，并对自己的感情深信不疑。比如，一个刚上初中的小女孩曾说："如果父母不同意我和强子谈恋爱，我就和他私奔！我们要白头偕老，永不离弃。"

所以，父母很有必要告诉孩子：那仅仅是在童话或故事里才会有的；并通过真实的故事让孩子了解现实中真正的爱情是什么样的，帮助她树立正确的恋爱观。

灌输女孩正确的性意识

在当前的教育体制中，性教育仍然是缺失的一环，小学和中学都没有开设专门的性教育课，老师在讲到一些性方面的内容时也常常一带而过，因此，孩子们对性的了解相当有限。

与此同时，中国的文化风气也使得父母们似乎更羞于谈“性”，平时闭口不谈，直到女儿来月经时，父母才会草草地告诉女儿：“这是正常的。”如此简单粗糙的解释几乎毫无用处，女孩得不到关于“性”的知识，但又对此很好奇，有些女孩就有可能误入歧途，去言情小说、黄色网站中寻找答案，甚至会做出以身试“性”的傻事来。

为了孩子的身心健康，父母不能一味规避性教育，而应主动承担起“性”的教育，满足女孩对“性”的好奇，让她正确认识自己的身体。

据心理学及生理学的研究表明，对于不同年龄阶段的女孩，性教育的内容不尽相同：

（1）5岁前的女孩，性教育主要是辨识性别。父母可以在洗澡、睡前很自然地让孩子认识自己的身体，不要有意把女孩扮成男孩或者走中性路线。

（2）5～7岁的女孩，好奇心强，在求知欲的驱使下常对男孩与女孩的差异感到迷惑不解，此时父母应简单明了地给她们答疑解惑，但不需要过分详细地讲述性、生殖等情节，因为如果讲不透或无法讲透彻，孩子的好奇心得不到满足，反而会更觉得神秘。

（3）7～13岁的女孩，开始有成熟的迹象，这时父母应对女孩进行较系统的性知识教育。在与青春期之前的孩子谈性时，无法直接谈性，可借助自然现象、童话、寓言故事等，采用比喻的手法把性教育的内容穿插其中。

例如，父母可以从植物开花结果的繁殖历程讲起，接着联系到人的性与生殖：春天，灰姑娘把西瓜种子种到地里，之后她经常给种子浇水、施肥，过了一段时间，种子开始发芽，然后越长越大。夏天的时候就会开花结出小西瓜，小西瓜越长越大就变成了大西瓜，熟透了的西瓜是香甜可口的，可以摘下来吃。当初妈妈在肚子里也种了一粒种子，经过10个月的精心哺育，这粒种子就长大变成了一个小人，然后妈妈就把她摘下来，于是我们家就有了你这个活蹦乱跳的宝宝。

此外，父母还可以和孩子一起看《动物世界》等节目，借用动物的生殖活动帮助孩子理解性知识，和孩子谈谈蝴蝶的交配，金鱼或鸡、猫的繁殖等。

专家给您支招

在对女孩进行性教育时，父母应该在何时谈，又该如何去谈呢？希望以下方法对父母们有所帮助。

1. 孩子发问时及时给予解答

通常女孩到了四五岁，在对自己的身体抱有极大的好奇心的同时，也会想认知他人的身体。她看到别人的身体和自己的不同，就会疑惑，想知道原因。这时，父母应及时向她讲解身体各部位及其功能，以及不同人不同阶段的不同特征。

此外，孩子对影视作品中的某些镜头产生疑问时，父母也不应当避讳不答，而要客观地告诉她们。

6岁的玲玲和妈妈一起看电视，当看到吻戏镜头时，就问妈妈他们在做什么。“他们是在接吻，要是想知道的话，等会儿看完电视妈妈再给你讲，好不好？”玲玲高兴地答应了。

看完电视后，妈妈对玲玲说：“亲吻是人与人交流感情的一种形式，就像人们见面要问好、握手一样，一点都不神秘。不同场合、不同形式的接吻也都有着不同的含义……”

每每谈及性问题，父母常常对很多“性词汇”避讳不谈，或吞吞吐吐。

殊不知，这样反而会让孩子觉得很神秘，激发兴趣，进而产生探索的欲望。

2. 利用书籍对孩子进行性教育

涵涵来月经时很惊慌，有很多疑问，又不好意思跟父母说，就偷偷把弄脏的内裤和床单藏起来。后来，妈妈帮她收拾屋子时发现了，意识到女儿已经长大，是时候给她讲一些性知识了，但妈妈也不知道从何讲起，更羞于开口，于是就买了本《青春期女孩》放在涵涵的书桌上。

有的父母觉得自己这方面的知识太少无法对孩子实施教育，也有的父母觉得对孩子进行性教育很难开口。这时不妨买一些相关的教育书籍让孩子自己主动阅读，既能避免尴尬，又可以让孩子受到全面、正确的教育。

3. 了解青春期女孩的性心理

父母应该了解青春期女孩性心理的发展历程，一般会有如下几个阶段：

（1）性意识朦胧觉醒，非常在意异性，向往与之交流或交往。有的女孩为了吸引异性的注意，衣服一日三换，处处标新立异。

（2）梦幻与自慰，想入非非，进一步就是手淫自慰。

（3）模仿与尝试，极其不理智地想要性生活的大胆实践。

就青春期女孩性心理的发展而言，可能会出现两种不良倾向：一是视青春期出现的性心理为丑恶，产生强烈的羞耻感和罪恶感，以为自己十分下流，不敢与人交流，形成闭锁心理，孤僻而自卑；二是受性本能、性心理的驱使，因无知和好奇，过早地进行性尝试。

父母当然不会希望孩子出现任何一种不良倾向，那么就要在女孩青春期时向她灌输这样一种观念：“性”心理是人的正常的心理活动，但青春期的孩子无权进行“性”行为。

保护女孩的个人隐私

到了青春期，女孩在父母面前不再百依百顺，透明得一览无遗，她们开始有了自己的小想法小秘密，希望有属于自己的空间，常常把自己的日记本锁在抽屉里，好像有意与父母疏远。

也许正是由于孩子的这些变化，使不明所以的父母对女儿更加“关注”：女儿是不是遇到什么问题？她需要我的帮助吗？她是不是“早恋”了？都是一家人都什么可藏的？在这种心理推动下，父母便把目光定格在女儿的日记本上，想一窥其中秘密，于是便出现了下面一幕：

13岁的露露一直很乖巧，但最近却因一件小事与妈妈吵翻了天，甚至气极一时地发誓再也不理妈妈了。

事情何以发展到这个地步呢？恐怕一切还得从露露的日记本说起。

那天早晨露露去上学，走到楼下才想起数学作业本没带，于是急冲冲地跑回家去。刚进自己的房间，她就被眼前的一切惊呆了：书桌上的几个大抽屉都被拉开了，里面的信件、贺卡，还有她收藏的小饰品全被翻了出来，一片狼藉。

惊怒之余，她立刻抢回自己的日记本，哭着对妈妈说：“妈妈我那么爱你，你怎么可以这样？你这是在侵犯我的人权与尊严！”

“你是我一手养大的女儿，我有权管理你的一切。有什么可哭的，快去上学吧，别迟到了。”妈妈毫无道歉的意思。

孩子的日记该不该看？这是个问题。不看的话父母心中不安，但这种偷看又能带来什么呢？帮孩子解决了烦恼，还是促进了亲子之间的良好沟通？

从上面的故事中可以看出，答案是否定的。孩子还没有成熟到足以体会父母行为背后的爱意，相反，父母对孩子隐私的侵犯只会严重伤害孩子的自尊，使亲子之间的关系前所未有地恶化。

进入青春期后，每个女孩都会有自己的秘密，但这些秘密大都没什么，锁起来也只是孩子进入青春期后的正常心理，体现了一种独立意识和自尊意识。

因此，偷看孩子日记并非了解孩子内心世界的最佳途径，相反，这种方法还会使孩子把自己的内心封锁得更紧密，甚至拒绝与父母沟通。一旦如此，对孩子的成长将十分不利。

对于青春期女孩的父母来说，有没有更好的途径来了解孩子的内心世界？如何正确对待孩子内心的秘密？如何引导才能让孩子健康成长呢？

1. 不要窥视孩子的“秘密”

从发展的角度来讲，如果孩子没有私密权的意识，她将很难成为一个具有独立人格的人。并且一旦孩子发现父母的“窥视”，往往会对父母产生信任危机，这种危机不能轻易解除。

如果你曾“偷窥”过孩子的秘密，而且被孩子发现了，不要逃避或者采取蛮横不讲理的态度，而应该真诚地向孩子道歉，告诉她：“因为太在乎你，担心你会有事，我才出此下策。通过此事爸爸（妈妈）也知道错了，我向你保证，以后绝对不会再这样做。”这样才有可能得到孩子的谅解。

2. 送孩子一本带锁的日记本

青春期的女孩开始异常敏感，很在乎自己的小秘密，有的女孩甚至会想办法，在日记本里用小标记或头发之类的东西来探测是不是有人动过她的东西。

那么，父母应该如何既尊重孩子的隐私，又不至于使孩子封锁自己的内心呢？下面有位女孩的聪明父亲给我们做出了榜样：

小爱13岁生日那天，爸爸送了份让她很意外很感动的礼物——一个带锁的精美日记本，她很兴奋但又有点不好意思地对爸爸说："还是老爸最了解我！"

爸爸却一本正经地对她说："送给你日记本，希望它可以记载你的成长，你可以用它来适当封锁自己的世界，毕竟这也是正常的需要和渴望。我们理解并支持你想拥有秘密的愿望，但是你与我们必须约法三章！"说到这里爸爸又恢复了往常的幽默，继续对小爱说，"其一，你要经常和我们交流、谈心，不能有了日记本就不想理爸妈了；其二，如果有什么自己无法解决的问题，不要自己一个人独自烦恼，我们随时都准备为你排忧解难；其三，无论发生什么，要相信我们都非常爱你，心甘情愿地为你付出。"

相信面对如此开明的父母，孩子都会愉快地接受这份平等的"契约"。

3. 与女儿谈谈自己当年的日记

通常来说，父母对孩子越理解越尊重，尊重孩子的隐私，孩子就会对父母越信任，甚至会主动与父母分享自己的秘密。

小巧上五年级后养成了写日记的好习惯。一天晚上，她正在房间里写日记，突然听到敲门声，"是谁？"

"是妈妈，我可以进来吗？"

"嗯！妈妈进来吧。"小巧一边答应着，一边合上日记本。

原来妈妈是来送水果的。

"又在写日记啊？"

"是啊，你可不能偷看哦！"小巧娇嗔地"警告"妈妈。

"好，妈妈保证一定不会偷看。其实妈妈小时候也像你一样，不仅写日记，还要锁起来，生怕被人偷看了去。"妈妈抚摸着小巧的头发说。

"那有人偷看过你的日记吗？"小巧好奇地问妈妈。

"没有，他们也很开明，看我的日记上有锁，就知道我不希望别人看。

想想那时候也挺好玩的，世界很简单，一把小锁，仿佛就锁住了自己的快乐，呵呵！”妈妈笑着对小巧说。

“我的日记里也有好多快乐。”小巧顺着妈妈的话说。

“都是过来人了，我当然知道，虽然妈妈很希望能和你一起分享快乐与忧愁，不过妈妈尊重你的意愿，不会偷看你的日记的！”妈妈真诚地说。

“既然妈妈这么说，我倒想让你看看我的日记，和你一起分享我的小秘密。”

就这样，妈妈既尊重了小巧的意愿和隐私，又得到了小巧的信任和爱。

生活中，父母要多关注孩子在态度和行为上的变化，尊重孩子的意愿。如果她不希望自己被打扰，就不要随便进入；如果她希望把自己的秘密都留在日记本中，就不要偷看。父母越尊重孩子的隐私，与孩子的距离就越近!

所以，当你需要进入孩子的房间时，应该敲门，并礼貌地问她：“我可以进来吗？”

当你想帮助孩子收拾房间、书桌或者书包时，最好先让她知道。

当孩子写日记或者写信时，如果你想看，必须事先征得她的同意。

缓解女孩的叛逆心理

叛逆行为与年龄有关，是孩子成长过程中的“必修课”。偶尔有些轻微的叛逆行为很正常，父母不用大惊小怪，应该像以前一样关怀她、教育她。过了一定时期，此种叛逆行为就会逐渐消失。

但这并不是说，父母不用插手孩子的叛逆，对于程度超过了正常范围值的逆反，一定要予以重视，通过巧妙的沟通、引导来消除或缓解孩子的不正常心理。

有的时候，孩子之所以产生逆反心理，处处和父母作对，很大一部分原因在于父母的不理解和专制的教育方式。一旦明白了逆反心理产生之源，父母就应该“正本清源”，主动与孩子和解，以春风化雨般的态度和方式，化解孩子心中的逆反情绪。

要想消除孩子的逆反心理，父母应该从以下几方面入手：

1. 平等沟通，客观地分析孩子叛逆的原因

许多父母总觉得自己是对的，孩子应该听话。但是，每个人都有自己的想法，孩子也有自己的思维体系和处理问题的方式，所以，父母应该放下架子与孩子沟通，从感情上、从具体事件上与孩子达成一致，再客观地分析。

2. 进行艺术的批评

有些父母看到孩子犯错误，事无大小都一味地批评，这样做只会刺伤孩子的自尊心并使其产生逆反心理。如果父母能先对孩子的优点给予肯定和表扬，再指出不足和错误之处，使孩子的自尊心得到满足，孩子就会乐于接受批评。

总之，父母千万不能急躁，以硬碰硬只会使结果更糟。

3. 多走进孩子的内心世界

当孩子因为一些不太好的兴趣影响学习成绩时，父母大多会粗暴地进行制止，但结果往往适得其反。因此，建议父母控制住自己，先不动声色地观察孩子的兴趣，全面了解的情况，再和孩子谈心，顺便说说自己的看法，进行适当的提醒，有的放矢，当利害关系一目了然的时候，孩子自然能够接受劝告。

关注女孩的情绪变化

青春期女孩有个很大的共性，那就是她们最爱说而且说得最多的话就是“真没劲”、“没意思”、“无聊”。

父母让女儿学习，她会说“无聊”；父母邀请女儿去逛街，她会以“没劲”为由拒绝；父母带女儿去参加亲戚的婚礼，回家之后，她扔给父母一句“没意思”便回自己的房间了。

那么，对于青春期女孩来说，什么事什么情况才“有劲”、“有意思”呢？其实她们自己也不清楚，说不出个所以然来。而真正令人担忧的是，由于这种种的“没劲”，女孩常常会感觉孤独，严重的会有不同程度的抑郁。

作为家中唯一的女孩，紫烟是父母的掌上明珠，无论她想要什么，都会得到满足。爷爷奶奶、姥姥姥爷也都围着她转，希望她能健康快乐，但她竟在自己的日记里这样写道：我很孤独！没有人能理解我！那么多人在我身边，只是没有一个理解我的。

到了青春期，孩子“内心的秘密”增加了，她们强烈需要与人交流，却总感觉没人懂得自己的想法，也信不过周围的人。在这种矛盾的心理斗争中，孩子渐渐产生了孤独感。

另外，从某种意义上讲，青春期是孩子的又一心理断乳期，这时的孩子大都觉得自己是大人了，总想一夜之间就成熟起来，可是又有很多很多的困惑。

在这些心理的作用下，老师似乎失去了往日的慈祥与耐心，越来越喜欢与自己做对了；平日最要好的知心小姐妹，现在也不是那么亲密无间、无话不谈了；就连父母的关心，也不再像过去那样能暖融融地打动她们的心，反而有些唠叨烦人。她们有一肚子的心事，却不知道跟谁讲好，只能任孤独感日夜侵蚀着她们的身心。

每个孩子到了青春期都会经历心理断乳期，尤其是女孩，心思缜密的她们更容易产生多变的情绪，稍不留神就有可能与孤僻、抑郁扯上关系。

那么，父母应该怎样做，才能让孩子走上大道，远离孤僻与抑郁呢？

其实，即使最著名的心理学家推荐的方法也不过就是沟通，走进孩子的内心世界再换位思考，用孩子的眼光去思考她们的问题。

一位有经验的妈妈这样说：

我的女儿12岁了，整天把“真没劲、没意思”之类的话挂在嘴边，我问她什么“有劲、有意思”，她却回答说：“反正你们都不了解我，说了也是白说！”

我知道女儿属于敏感、内向型的孩子，这样自闭下去也不是个办法，于是就试着与她沟通，但事情却没有想象的那么简单，我感觉无论如何都走不进她的心里，只好继续寻找与女儿沟通的最佳方法。

一次，朋友送我两张《泰坦尼克号》的电影票，我带女儿一起去看，想着这样也许有助于沟通。当电影播放到船要沉下去时，我听到女儿在悲悲戚戚地哭。

回家的路上，女儿对我的态度明显好多子，话也比往常多了一些。

她问我："妈妈，为什么大家都死了，女主角却活了下来？"

"这是爱的力量，她的心中有爱呀！她的存活是杰克最大的愿望，她要用自己的生命来延续爱情。"看着女儿迷茫的眼神，我继续说，"给你举个例子吧，有一次我发烧烧到40度，你爸爸又不在家，我就硬撑着给你做饭。因为我是你的妈妈，怕你饿着，这同样也是一种爱的力量！"

听了我的话，女儿紧紧地抱着我的手臂。

从那以后，女儿和我的隔阂感没有了。她会跟我讲学校里发生的事、讲她的同学，甚至连她的小秘密也告诉我。与此同时，女儿说"真没劲"和"没意思"的次数也少了！

与青春期的孩子沟通其实并不难，只要父母有一颗持之以恒的心，也许这种方式不适合孩子，但一个萝卜一个坑，终归有一种方式孩子会接受。

尊重女孩的选择和意愿

每一位女孩的父母都望女成凤。有的父母，甚至在孩子咿呀学语时就为其设计了一幅理想的蓝图，为了实现这一目的，他们不顾孩子的爱好和理想，强迫孩子按他们设计的轨道发展。

从上幼儿园起，秀秀的耳边就常常响起父母"一定要好好学习，一定要争气！一定要考上清华"的叮咛。为此，她按父母为她预定的方向不断努力着。终于，12岁的秀秀不负父母的厚望，以优异成绩考进了一所市属重点初中。终于可以松口气了！秀秀觉得，自己没有辜负父母的苦心，考上了他们指定的学校。这个假期可以好好休息休息了。

晚上，妈妈下班回来了，手里拎着一个大口袋。秀秀急忙迎上前去，打开口袋，她不禁呆住了——里面全是初一的课本和辅导材料！妈妈没有理会秀秀的惊讶，严肃地对她说："你呀，别以为进了重点初中就万事大吉了。要知道，考进这所学校的学生都是尖子生，要想出头，就得提前做准备。"秀秀说："妈妈，我知道。可是，这个假期是不是……"妈妈打断了秀秀的话："是不是什么，你还没到可以休息的时候。我和你爸爸早就打算好了，你的目标，就是清华！当年，你爸爸因为一分之差没有考上清华，这是他一辈子的遗憾，这个遗憾只能靠你去弥补了。"

见秀秀没有回应，妈妈缓和了语气，语重心长地说："女儿啊，我和爸爸都是为你着想。清华是最高学府，如果能考进这所学校，以后无论是出国深造还是找工作，都不费力气！我们为你创造这么好的条件、替你操这么多心，对你没有什么别的要求，只要你考上清华，到时候你想干什么，我和你爸都不再管你。"

听了妈妈的话，秀秀无言以对，她望着一堆堆的辅导资料，禁不住流下了眼泪。第二天，秀秀就离家出走了。

生活中，为孩子设计好前途的父母不在少数。他们把自己一生的理想或者遗憾都寄托在孩子身上，逼迫孩子往自己认为是正确的道路上走，即使孩子并不适合或者根本就不喜欢。

父母会觉得，孩子还小，很多事情都不懂，父母为她作出的选择对她有好处。殊不知，孩子虽然年龄小，但也有着鲜活的思想和情感，有自己的兴趣、志向和理想。当她为了自己的目标而努力的时候，是自觉自愿、积极主动的，而且能学得又快又好，同时享受到学习的乐趣。

如果父母把自己的意愿强加给孩子，让她担负起父母的愿望，她就会感到身上的担子太重，压力太大，觉得学习是一种痛苦，同时也会使她失去自己的成长空间和独立意识，产生抵触、反叛与对抗情绪，出现与父母关系紧张、厌学等现象，甚至走上歧路。也有些孩子会变得精神萎靡，对生活、学习感到迷茫、失去信心等，这些都对孩子的心理健康极其不利，甚至可能引发心理障碍与心理疾病。

为了保证孩子的健康成长，培养孩子健全独立的个性，明智的父母应该考虑以下方法和建议：

1. 尊重孩子的独立性

随着孩子一天天长大，她会逐渐形成独立的意识，父母应给予其自由的发展空间，而不是将其限制在父母设计好的框子里。否则，孩子也会像自己的父母一样，在补偿父母遗憾的同时，留下自己的遗憾。

2. 对孩子的要求不可过高

父母在尊重孩子理想和追求的时候，切忌在孩子建立理想初期给予过多的压力和警示，否则会打击孩子的积极性，使其轻易放弃自己的理想。

3. 给孩子最后的决定权

对孩子的理想，如果是合理的，父母就应给予尊重和支持，以孩子的心理准备和接受能力为前提，进行适当的启发和引导。孩子需要的是精心呵护，不是说教，不是命令，更不是趁机提条件。即使孩子的理想与父母的意愿产生了很大偏差，父母也要平静地与孩子沟通，在尊重孩子理想和追求的基础上，通过充分的商量和探讨，使孩子充分理解父母的想法，然后再把决定权交给孩子。

引导女孩合理利用网络

与男孩相比，女孩似乎没有那么迷恋网络，但在电脑越来越普及的现代社会，女孩也越来越多地走进了网络的虚拟世界。

一位伤心的妈妈曾这样说："是网络让我的女儿变成了'怪人'。她很少出门，而且特别害怕见生人，连出去买东西都害怕。她的脾气也越来越暴躁，很少与我们说话，一说话就是冲我们发脾气。她与同学们也失去了联系，整天窝在自己的房间里，沉迷在网络的虚拟时空中。"

为什么网络会对孩子有如此巨大的吸引力呢？孩子为何会对网络情有独钟呢？

在某论坛上，一个小女孩曾发出这样的感慨："都说我们是幸福的一代，可又有谁知道我们的孤独呢？"

这并非孩子无病呻吟。如今的孩子大都是独生子女，在家里比较孤单，心理上很渴望与同龄的孩子交流。当她们进入青春期后，对父母的反抗、对老师的抵触、对同学的不信任，使她们最终将目光投向了网络。

然而如果长久沉迷于网络的虚拟世界里，就会像上面那位母亲所说的那样，孩子会不适应现实的生活，会惧怕现实生活中的人，还会因此而与现实中的人失去联系……

专家给您支招

作为父母，应该如何引导孩子正确上网，或者说当孩子面对网络时，父母能为她做些什么呢？

1. 制定一份电脑使用规则

莉莉刚刚接触电脑时，父母就给她制定了这样一个规则：

（1）使用电脑要以学习为主，娱乐为辅；

（2）电脑放在客厅里，没有特殊情况不得移位；

（3）平时每天使用电脑不得超过半小时，双休日、节假日和寒暑假每天不得超过两小时；

（4）不把有关家庭的信息暴露给网上的陌生人；

（5）在网上遇到他人的骚扰等麻烦事，要立刻与父母商量，如果父母不在家，应立即关闭电脑；

（6）如果使用者违反上列规则，视情节轻重，处以减少使用电脑时间或一段时间内停止使用电脑的处罚。

在这个规则的约束下，莉莉在使用电脑和上网方面很少出现问题。

小女孩一般还是会相信权威的，在规则的约束下，她犯错误的可能性就会小很多。不过，对于大一点的女孩来说，特别是青春期女孩，规则往往不起作用。这时，父母就应采取措施告诉她如何在网上进行自我保护。

2. 切忌使用强制手段

在孩子上网一事上，父母最错误的教育方法就是无端指责和限制。

娜娜的妈妈一到暑假就坐立不安，因为放假时，娜娜每天都会花大量的时间玩电脑。由于担心娜娜染上“网瘾”，妈妈从她坐在电脑前就开始紧张不已，一直在房间里走来走去，对娜娜唠叨个不停，接下来干脆在电脑上设置密码，甚至拔掉网线。娜娜对此非常气愤，干脆跑到外面的网吧去上网。

其实，如果孩子每天上网不超过两小时，就不能算是“网瘾”，父母大可不必过于紧张。而且，网络作为现代社会不可或缺的交流工具、学习工具，对孩子的学习和生活也是十分有益的。

对此，明智的父母会引导孩子健康地使用网络，告诉孩子如何利用网络来学习知识、充实生活，并积极参与到孩子所喜好的网络生活中！

3. 安装保护软件，以便“过滤”黄色、暴力内容

对于身心幼小的女孩来说，网络上很多的黄色、暴力内容，不仅危害巨大，也最难防范。对此，父母可以购买相关软件，在电脑上设置防护措施，将这些网络“毒素”清理出孩子的网络世界。

此外，父母还应教会孩子一些基本的网络安全常识，如上网交友时不能轻易说出自己的真实姓名、电话、住址、学校名称等个人信息，最好不与网友见面，对网上求爱者、谈话内容低俗者不予理睬，等等。

4. 面对孩子的“网恋”，用理解代替责骂

对待孩子的“网恋”，父母的责骂只会让她对现实越来越失望，从而更快地投入网上那个虚拟男人的怀抱。所以，父母应保持理智，尽力了解孩子“网恋”的原因，才能从根源上解决孩子“网恋”的问题。

一位妈妈曾这样讲述她教育女儿走出“网恋”的经过:

有一次，我给女儿洗衣服时，在她的口袋里找到了一封叠成心形的信，信的正面竟然写着: 爱你一生一世。我迫不及待地把信打开看了，信的内容让我大吃一惊，我刚刚13岁的女儿正在“网恋”。

我真想找女儿问个明白，但我没有那样做，而是极力控制住自己的情绪，拿着那封信平静地对女儿说: “妈妈把信还给你，你告诉妈妈究竟是怎么回事好吗？”

女儿见我没生气，便对我讲起了她的故事。

看着面前的女儿，我知道她的自我保护能力还很差，于是便对她说: “你已经是成熟的姑娘了，要学会自我保护。现在网上的坏人很多，你不可以单独接受陌生人的约会。”接着，我又给女儿讲了很多别的女孩因为约会网友而受到伤害的案例。

从那以后，女儿再也没有接受网友的约会。

一般来说，孩子“网恋”往往是由一定心理需求引起的，或是渴望了解异性，或是寻找精神寄托，或是想转移学习压力，等等。父母只有了解了孩子“网恋”的原因，才能对症下药，引领她心甘情愿地走出“网恋”。

重视女孩的内心需求

10岁的小双提起父母时，竟是一脸鄙夷的神情。她说："爸爸妈妈算什么呀？他们说话一点也不算数。我爸说，只要我考了前5名，他就带我去坐过山车。可当我真的考了第五名时，他却说没时间，下次吧。我妈也一样，她说我写完作业就让我下楼和小伙伴玩，可是我写完了她又让我弹一个小时的钢琴。每到这时，我都会想起电影《麦兜的故事》，麦兜的妈妈让他吃药，说吃了药病就好了，病好了就带他去马尔代夫。结果麦兜吃了药，病好了以后，妈妈却再也不提去马尔代夫的事了。麦兜再问，妈妈就说，'发了财再说吧'。我理解麦兜，觉得他和我一样可怜。以后爸爸、妈妈再怎么向我许诺，我都不相信他们了，全是骗人的！"

13岁的闪闪提起爸爸妈妈，也是一脸无奈，唯恐避之不及。她曾经写过一篇关于妈妈的作文，题目就叫"给我一点时间"。她在文中写道：妈妈是"母老虎"，每次出去玩总被她准确地堵回来；妈妈是"变色龙"，考了满分她睡着都会笑醒，考差了就会大发雷霆；妈妈是"河东狮吼"，看一会儿电视她就会发作……对于闪闪来说，周末是最难受的日子。一到周末，她就需要早上5点起床，跟着爸爸去少年宫学绘画。少年宫好远啊，爸爸骑车带着她，经常被冻得双手通红。爸爸经常说："闺女啊！你可要好好学习呀，你要是不好好学习的话，可太对不起你老爸了！"闪闪本来很心疼爸爸，可是听爸爸这么一说，心里就有点怒气蹿来蹿去。"又不是我要学绘画的！还不是你逼的我！"她愤愤地想。

15岁的箐箐已经有一个月不理妈妈了。原来，暑假箐箐去姑姑家玩，有一次无意中听到姑姑在背后说妈妈的"坏话"。等回到家，箐箐就把姑姑说妈妈的“坏话”全盘照搬地告诉了妈妈。没过多久，姑姑一家来箐箐家作客，姑姑和妈妈言谈甚欢，没想到聊着聊着，妈妈就把她“告密”的事给说了出来。箐箐当时生气极了，因为妈妈答应过箐箐不告诉任何人，也不告诉姑姑。结果，那天姑姑的脸色很不好看，箐箐看了，心里难受极了。后来，她埋怨妈妈，问她为什么说话不算数，妈妈却说：“小孩子，没关系，这样说了，你姑姑下次就不会说我了！”听了这话，箐箐忽然感觉妈妈不仅说话不算数，而且很自私，只想着自己心里舒服，就不考虑孩子的感受。从那以后，箐箐几乎不再和妈妈说话了。

以上这些女孩对父母的态度，其实完全是父母一手造成的。

小双的妈妈对小双说话不算数，但是对身边的成年人却从不如此。她觉得对孩子说话算不算数似乎无关紧要。其实最本质的原因是妈妈把小双当成了自己的附属品，而不是一个独立的人，因而没有把对孩子的承诺看成承诺，没有正确理解父母与孩子之间的关系应该是人与人之间的平等关系。

闪闪的爸爸用近乎自虐的方式强迫闪闪学习绘画，其实给闪闪带来了很大的心理压力。爸爸根本没有想到孩子也有选择自己爱好的权利，而是把自己的意愿强加在女儿身上。而闪闪的妈妈则把女儿看成是一部“考试机器”，如此忽视孩子权利的父母，又怎能赢得孩子的信赖和亲近呢?

箐箐的妈妈更是过分，她的举动已经刺伤了孩子的内心，造成了母女之间深深的隔阂。

由上可知，不尊重孩子权利的做法一点也不可取。那么，对孩子百依百顺又会如何呢?

溺爱子女是当今社会的普遍现象。生活中，我们经常可以听到这样的话：

“我们的童年过得很艰辛，再也不能让孩子经受我们的那些磨难了。”

“现在生活条件好多了，又只有一个孩子，无论如何也不能让孩子吃苦受累。”

正是因为怀着这种想法，父母们尽其所能地从各方面满足孩子的需求，包括一些不必要甚至无理的要求，代替孩子完成一些理应由她们自己完成的事，如做作业、干家务、值日扫地等。他们尽力把孩子的生活道路铺得平平顺顺的，似乎这样就能保证孩子幸福健康地成长。事实上，父母的这种观念会给孩子带来很大的危害。

为了使孩子健康快乐地成长，父母需要掌握如下方法：

1. 给孩子平等权利

不要因为孩子还小，就以为可以随意把意愿强加在她的身上，不尊重她的想法，不理会她的需求，不在乎她的感受，这样做的结果只能是让孩子越来越疏远父母。

2. 不要给孩子特权

父母一切以孩子为中心，对她百依百顺，满足她的一切需求，溺爱她，而不去教她如何理解爱，也不去培养她对其他人的爱，会使她不自觉地养成以自我为中心、只为自己考虑的习惯，认为别人为她所做的一切都是应该的、理所当然的，会认为规矩都是为别人制定的，与她无关，渐渐成为一个自私、狭隘的人。

鼓励女孩学会说“不”

随着青少年成熟期的提前和社会观念的逐步开放，一些未成年人在不懂得保护自己的情况下进行性行为的情况越来越多，导致未成年人意外妊娠成为我国日趋严重的问题。因此，父母一定要教育孩子学会说“不”。

下面是一个真实的故事：

两个女孩在歌厅门口遇到了一个坏人，这个坏人用一把水果刀把她们从闹市区逼到了郊外。要知道，从市区到郊外要倒3次公交车，然而，这两个女孩都被那把水果刀和坏人恶狠狠的表情震住了，吓得不敢吭声，最后双双惨遭毒手。

试想，从繁华的都市倒3次公共汽车到郊区，他们会遇到多少人，有多少次出逃的机会？即使她们在公交车上大嚷一声，车上的乘客即使不会帮助她们，但坏人至少心里也会害怕，从而放弃打她们的主意，仓皇出逃。然而，女孩的软弱、女孩的胆怯、女孩的不敢说“不”，最终让坏人的恶行得逞。

对于更容易受到伤害的女孩来说，父母更应早些教她们学会说“不”——对违背自己原则的事情说“不”，对有所企图的恶人说“不”，对有损自己利益的事情说“不”。

1. 让孩子有自己的原则

不管大人还是孩子，都要有自己的做人做事原则。有了原则，并坚持按原则去做，才能维护自己的正当利益，并且不易受到坏人的哄骗。

曾有儿童心理学家在一所小学做了这样一个试验：

放学后，孩子们正在等父母来接，老师有事暂时离开了。这时，一辆外面贴着“中央电视台”标志的车在他们面前停下了，从车里走出来几个人，其中一个说：“孩子们，你们好，我们是中央电视台的，我们来这是邀请你们去台里录制节目的，愿意去的赶快上车。”

一听要去中央电视台录制节目，大多数孩子都上了车，只有一小部分孩子还在观望。

这时，那个说自己是中央电视台的人问没有上车的那些孩子：“你们不想去中央电视台玩吗？”

其中有个孩子说：“我怕父母找不到我会担心！”

“到了之后，我们会给你们的父母打电话的。”

于是，又有一部分孩子上车了。

这时，那人又说：“凡是上车的孩子都会收到礼物。”说着就给上车的孩子发礼物。

几乎所有孩子都上车了，只有一个小女孩站在那里没有动。那人问她：“你为什么不上车呀？”

“因为我爸妈说了，不能随便跟任何人走！”小女孩认真地说。

多好的回答呀，“不能随便跟任何人走”，这就是那个小女孩的原则。

通过这个试验，儿童心理学家得出结论：第一次上车的孩子中，女孩占了绝大多数，说明这些女孩的自我保护意识不强。有些孩子一听父母会知道自己的去向，或者一听有礼物要拿，或者一看别的孩子都上车了，便也欣然跟着上车，这些都表现出他们的自我保护意识很薄弱，同时也反映了一个问题：他们没有自己的原则，或者说父母从没告诉过他们要有自己的原则。

因此，要想孩子不会被伤害，父母在平时就应该教给她这样的原则：

放学后要早点回家，如有特殊情况要给家里打电话，或给父母打手机；不能随便跟任何人走；遇到坏人要敢于反抗；不要随便接受男孩的约会；不要随便接受别人的小礼物。

有了这些原则后，孩子长大后就不会因为贪图小便宜而上坏人的当，不会因为不敢拒绝而被坏人伤害了……

2. 让孩子学会有礼貌地拒绝

前面说过，女孩是很注重关系的，常常为了维护关系而放弃自己的正当利益。因此，在日常生活中，父母既要教会女孩有自己的原则，又要教会她不伤害她怎样在最关注的关系的前提下，委婉而又礼貌地拒绝别人。

比如面对男生的无理纠缠，一位妈妈是这样教女儿的：

13岁的蕾蕾收到了一个男孩的小纸条：放学后我们一起去看电影，好吗？蕾蕾不知道该怎么办，一放学就急冲冲地跑回家了。

回家后，她把小纸条拿给妈妈看，妈妈问她："你想接受他的约会吗？"

女儿摇摇头。

"那你可以大大方方地告诉他：不，谢谢，我放学后一定要早早回家，妈妈不放心。"

"那他会不会很尴尬？"

"不会的，因为你的态度是礼貌的，再说你说的也是事实呀！"

"那他要是一直纠缠我怎么办？"

"你可以这样对他说：再这样我就要告诉老师了！"

蕾蕾按着妈妈教她的去做了，果然，那个男生再也没有纠缠过她。

让孩子学会礼貌地拒绝，不仅能够维护自己的正当利益，而且等让孩子长大之后，这还将变成她的一种能力和气质。

第九章　把话说到女孩的心里去

沟通是孩子向世界打开心扉的桥梁，没有两代人之间正常的心理沟通，就没有卓有成效的家庭教育。因此，父母要主动架起与孩子良好沟通的桥梁，积极了解孩子的心理和精神需要，使亲子关系变得更加融洽、温馨和美好。

学会向女儿敞开心扉

中国的父母一般很少向孩子透露自己的内心世界，却希望孩子向自己袒露一切。这种不平等的关系往往成为亲子沟通的一道屏障。

实际上，沟通是父母与孩子之间建立良好的亲子关系、父母对孩子施加科学教育，从而促进孩子健康成长的重要的、不可或缺的环节。而建立良好的亲子沟通关系，父母总是想让孩子向自己敞开心扉是不行的，父母也需要向孩子敞开心扉。

父母在孩子面前，以一种轻松的方式接受自己的不完美，承认自己的错误，不仅让孩子觉得父母更亲近，加深亲子之间的感情，而且能把一种坦然、放松的处世态度传达给孩子。

当孩子问父母："你为什么不高兴？是不是工作上有了麻烦？"父母应该认真考虑一下，是否应该与孩子谈一谈，怎么谈。如果搪塞地说："没什么，很好。"或"不关你的事，去玩你的吧！"这无疑是将孩子对父母的关心推开，孩子从父母那里得到的信息就是：父母如何不关我的事。这就等于父母自己向孩子关闭了沟通的渠道。

专家给您支招

父母只有向孩子敞开心扉，才能得到孩子的认同，促进亲子关系的融洽。如果父母能够做到这一点，孩子一定会努力成为一个不让父母失望的好孩子。

1. 与孩子分享你的喜怒哀乐

一位哲人说得好：快乐让别人来分享，就多一分快乐；把忧伤告诉愿意为你分担的人，就少一分忧伤。父母和孩子之间是世界上最亲密的关系，也应该一起分享彼此的喜怒哀乐。如果父母向孩子敞开自己的心扉，与孩子分享自己的喜怒哀乐，孩子就会感觉到父母对自己的信任和尊重，从而更加尊敬父母，并且也会向父母敞开自己的心扉。

2. 告诉孩子你的隐私或秘密

很多父母会认为，孩子太小，很多事情不能告诉她，尤其是自己的隐私或秘密，如果让孩子知道了是一件很丢面子的事情。其实不然，如果孩子知道自己和父母共享隐私或秘密，会更加信任父母，父母也因此更容易走进孩子的内心深处。

3. 让孩子了解你的工作状况

很多父母埋怨现在的孩子不知道节约、自私、花钱大手大脚等，但是，如果孩子不知道父母是如何靠辛勤工作给家里挣钱的话，她就不会把金钱与工作紧密地联系起来。孩子到了上小学的年龄，父母可以告诉孩子自己如何靠努力工作来谋生、如何创造属于自己的事业，和孩子说说自己的工作细节，谈谈工作的酸甜苦辣，聊聊成功的幸福体验，这对孩子是十分重要的。

4. 让孩子明白你对她的期望

父母对孩子的期望不能过高，否则会对孩子造成压力和伤害。应该根据孩子的实际情况，对孩子确立合理的期待。但是，最好能够让孩子明白，父母对她的期待并不过分，而且要让孩子明白父母对她的具体期待是什么。这样一来，孩子一定会从父母的期待中汲取前进的力量，努力成为一个不让父母失望的好孩子。

树立父母的威信

生活中，常常听到一些父母抱怨孩子“不听话”，其中有孩子的责任，但根本原因在于父母在孩子心目中没有威信。

所谓“威信”，就是威望和信誉。威信的一个重要特点就是意志服从。父母的威信主要表现在：孩子尊重、爱戴、信赖家长；父母对孩子提出的要求，孩子能自愿地、毫不勉强地接受。所以，父母的威信是一种无形的教育力量，是孩子自觉接受教育的重要条件。实践证明，如果父母没有威信，尽管态度认真，教育严肃，但孩子仍然当作耳边风；相反，如果父母有威信，不用讲多少道理，孩子也能令行禁止。由此可见，要搞好家庭教育，必须努力建立和维护父母的威信。一般来说，父母在孩子心目中的威信越高，教育的作用也就越大，也最受孩子的欢迎 。

当然，我们不得不承认，随着时代的变迁，现代的女孩与过去已经截然不同。作为独生子女、物质生活充裕的她们，变得更自信、更独立、更有自己的见解。加上很多父母都对孩子宠爱有加，这时想要树立威信，不是一件易事。

不过孩子毕竟还小，思想容易陷入偏激，如果父母不能及时给以权威的解答、严格的规范，女孩很容易养成娇纵、偏执、以自我为中心的不良个性。而这些对女孩良好个性习惯的培养是十分不利的。

作为父母，当然希望自己的孩子能够乖巧听话，成长为一个知书达理的小淑女。因此，树立起父母应有的威信，让孩子懂得尊重父母、信赖父母，进而与父母建立起一种积极配合的密切关系，是当代父母必须要完成的一项教育功课！

时代变了，管教孩子的方式也必须随着变化。对于现在的孩子来说，父母的威信并不一定是传统意义上的孩子对父母的绝对服从，或是父母对孩子的绝对支配。父母新型的权威形象，应当是建立在理解、信任、尊重孩子的基础之上，既让孩子心服口服，又让孩子理解父母对她的爱。

1. 父母要有高尚廉洁的品格和广博的知识

父母的品格修养对于孩子性格、品德的形成有着举足轻重的作用。具体表现在对祖国的热爱、对事业的忠诚与勤奋、对他人的热忱与宽容、对生活与困难的乐观向上的态度。如果父母具备了这些品格，孩子便会崇敬与爱戴他们。

孩子在成长过程中总会不断地提出问题，不断地进行探索。身为父母必须具有丰富广博的知识来满足孩子的求知欲与好奇心，这就要求父母自身有较高的文化素养与知识。如果父母的文化知识修养对孩子学习品质的形成有极大的好处，也就能在孩子心目中获得较高的威信。

2. 严与爱结合起来，树立真正的威信

对女孩的教育，只有严与爱结合才能既起到教育效果，又不伤害女孩敏感的自尊。而且，在宽严相济的教育方式下，父母也更易树立权威形象，让孩子既敬又爱。

例如，父母平时可对孩子要求严格一些，对一些影响孩子个性发展的小细节、小错误也不能轻易放过。但每次严格教育之后，都应想办法对孩子进行安抚和开导，使她感到父母是爱她的。这样，孩子既受到了教育，又不会对父母产生畏惧、抵抗心理。而且，当孩子懂事以后，也会对父母的严格教育心存感激。

一位妈妈这样介绍了自己的“宽严相济”之法：

一次吃晚饭，女儿把一盘虾端到自己面前说："这是我的，你们不能吃。"我批评她，她不肯听，我就把她的饭碗拿走不让她吃，谁知她竟与我对着干，吃起电饭煲里的饭来。

在这种情况下，我当然要对她进行严格管教了。我一面"请"她去卫生间面壁思过，一面叫她爸爸过10分钟后进去做她的思想工作。事情过去后，我又为女儿准备了丰盛的饭菜，并把她拉到怀中安慰了一番，让她明白我的严厉是因为她这件事做得不对，并非妈妈不爱她。

从那以后，女儿再也没有犯过类似的错，有时还会主动把她爱吃的东西留给我们。更令我感到欣慰的是，我们的威信是建立在信任的基础之上的。

3. 以少而精的管教来树立威信

很多妈妈都有这样的感受：自己苦口婆心，天天对女儿进行教导，结果女儿根本不听不怕自己；反而是当父亲的，关键时刻说一句话，就顿时挽狂澜于瞬间。

一位妈妈曾这样总结道：

在家里女儿是我管得多，但威信却是她爸爸更高。就拿看电视来说吧，我一遍又一遍地催她把电视关掉，该做作业了，可她却跟没听到一样，总是拖了又拖。而她爸爸说一句话，她就会马上执行。

究其原因，我想可能是我管得太多、管得太琐碎，使女儿产生了厌烦心理，反而不听话。而她爸爸平时很少说她，却能抓住一些主要问题一管到底，这样反而更有效。

看来，要树立威信，还要管得少而精。

这位妈妈的经验总结很值得借鉴。如果父母每天都絮絮叨叨，大事小事数落个没完，孩子难免会产生逆反心理。所以，有时候抓大放小，反而更有效。

4. 父母要统一战线，态度一致

对于孩子的问题，父亲一种态度，母亲一种态度；或者父母一种态度，祖辈一种态度；一方严厉，一方宽松；一方斥责，一方袒护，这些都是不可取的。长此以往，父母在孩子面前的威信就会荡然无存。

有一对夫妇在如何教育女儿方面，教育观点和方法很不一致，两人常常各执一词。比如一个要求女儿自己穿衣服，另一个却说，女儿还小呢，我来帮她穿还省点事；女儿犯了一点错误，一个很不以为然，另一个却非要女儿道歉不可。

夫妻两人常常为这些事情发生冲突，搞得孩子不知所措，无所适从。再后来，他们的女儿还学会了钻大人的空子，总是一副很有理的样子。

对此，父母们一定要引以为戒。当夫妻二人态度不一致时，切记不要当着孩子的面持相反的态度，提相反的要求。比如，爸爸处理问题简单粗暴，妈妈可以不表态，也不要当场反对，待事情过去之后，妈妈再去说服爸爸，取得一致看法后再安抚孩子。这样，孩子既不会感到委屈，又会从内心深处信服父母，接受教导。

时刻给予女孩肯定和鼓励

肯定和鼓励是家庭教育中比较重要的方法，每个孩子都需要不断的肯定和鼓励才能获得自信、勇气和上进心，这就像植物必须每天浇水才能生存一样。清代教育家颜元说过：“数子十过，不如奖子一长。”然而，许多父母却经常不自觉地在行动和语气上表现出对孩子的不满意。也正因为如此，很多时候，父母一句不经意的否定和批评就会影响孩子的一生。

女儿想学跳舞，父母表示反对，说：“你的身材太胖了，不适合跳舞。”女孩感到很自卑，从此再也没有接触过舞蹈。

女儿一次考试没考好，父母就心急火燎：“你怎么怎么学都不见进步呢，竟然才考这么一点分数？”

孩子某件事失败了，父母不仅没有安慰孩子，反而挖苦道：“看，让你不听我的话，失败了吧？”

可以想象，一个被定性为“身材不好”的女孩，怎么可能自信地去跳舞？一个被父母批评“怎么学都不进步”的女孩，又怎么会有努力学习的上进心？而一个时刻被父母讥讽“不听我的话就失败”的女孩，又怎么可能具有独立思考和面对一切事情的能力？

在儿童心理学研究方面，一直有一个为人所称道的心理学效应——罗森塔尔效应。

美国著名的心理学家罗森塔尔做了一个试验：他来到一所普通中学，在一个班里随便地走了一趟，然后就在学生名单上圈了几个名字，告诉他们的老师说，这几个学生智商很高，很聪明。过了一段时间，罗森塔尔教授又来到这所中学，奇迹真的发生了，那几个被他选出的学生现在真的成为了班上的佼佼者。

为什么会出现这种现象呢？罗森塔尔效应表明，正是“积极暗示”这一神奇的魔力在发挥作用。

如果孩子长期接受消极和不良的心理暗示，她的情绪就会受到影响，严重的甚至会影响心理健康。相反，如果父母对孩子寄予厚望、积极肯定，通过期待的眼神、赞许的笑容、激励的语言来滋润孩子的心田，使孩子更加自尊、自爱、自信、自强，那么，孩子的表现往往会令人大吃一惊！

教育家苏霍姆林斯基曾告诫成人：“时刻都不要忘记自己也曾是个孩子。”请回想一下，你是否也曾因为父母的一句肯定而收获了什么，或是因为父母的一句否定而失去了什么呢？

任何人都希望得到别人的肯定，成人也不例外。面对可爱、聪慧而又优秀的孩子，我们做父母的为什么还要吝惜那一句肯定的话语、那一个赞赏的眼神呢？

1. 告诉孩子——“下次你会做得更好！”

孩子是需要肯定的。当孩子遭受挫折时，父母一个肯定的眼神、一句肯定的话语，就是她最有效的强心剂。

璐璐是一名品学兼优的学生，但在一次体育考试中，她考了最后一名。璐璐从来没有受到过这样的打击，心里难过极了。很长时间过去了，她还没从这次失败中走出来。

“女儿，还在为那件事难过吗？”妈妈问。

“是啊，我跑了最后一名，太丢人了。”

“那你有没有想过其中的原因？”妈妈说，“我问过你的体育老师，他说你是同龄孩子中跑得最快的，这场比赛对你不公平。等你个子再高一点的时候，你一定跑得比他们快。”

“妈妈相信下次你会做得更好！”妈妈最后补充道。

在大多数情况下，孩子的胜任感和自卑感往往会受到父母的影响——孩子受到的表扬越多，对自己的期望就越高，就会产生很强的胜任感；相反，孩子受到的表扬越少，随之产生的自我期望就越低，从而越来越不相信自己。所以，当孩子受到挫折时，父母应该给予积极的回馈，帮助她总结原因，提出改进意见并加以鼓励。

2. 不要轻易否定孩子取得的成绩

一天，玲玲读完了一本有些艰涩难懂的书，心里非常高兴，不由得高声唱起歌来。

“玲玲，你又在嚷什么！”爸爸皱起眉头说，“读完一本书是很平常的事，用不着那样高兴。”

“可是爸爸，这本书太令我愉快了，它那么难懂，而我居然把它看完了！”玲玲抬起头对爸爸说，很想得到爸爸的肯定。

“哼，你以为只有你才有这个本事吗？你以为我会表扬你吗？你太骄傲自大了！”……

从此以后，人们再也看不到玲玲脸上那种快乐自信的表情了。不管做什么事，她都不再那么积极了。

消极的评价对孩子的伤害就是这么巨大，它会毁掉孩子的自信、乐观，将懦弱与自卑灌输进孩子幼小而脆弱的心灵。玲玲读完一本很难懂的书而表现出成就感，并不是她在骄傲，而是孩子成就感的正常流露。

所以，在日常生活中，父母应对孩子进行适时的肯定。这种肯定会使孩子确认自己的判断，对自己的能力感到惊喜，从而更加自信。

3. 父母要学会做喝彩的观众

每个孩子身上都有很多潜能，潜能的发挥与父母的赏识是分不开的。

一个弹钢琴很棒的女孩，曾在日记里记下了自己学习钢琴的感受：

刚开始学钢琴时，我曾认为弹钢琴是世界上最辛苦的事情。可现在，我一天中最快乐的时光就是弹钢琴时，因为爸爸妈妈很爱听我弹。

一天晚上，我正在练琴，屋子里静悄悄的。忽然，我一回头，发现爸爸妈妈都坐在床边静静地听我弹琴，爸爸眼里还含着泪水。我害怕了，忙问："爸爸，你怎么啦？我哪儿做错了？"爸爸笑着说："不，你弹得太好了。我很感动。爸爸妈妈一天中最高兴的时刻就是听你弹琴，你的琴声把我们一天的疲劳都赶跑了。"真没想到我的琴声有这么大的力量。那种能让父母因我而感到高兴的感觉真是好极了！

用赏识的眼光看待孩子，是现代父母送给孩子的最好的人生礼物。

所以，父母若期望孩子成人、成才、成功，最好的办法就是：永远做孩子的欣赏者、喝彩者，肯定她的成功，培养她的自信，欣赏她的才华。

多与女孩进行沟通交流

父母要想成功地培养孩子，就应该与孩子进行有效的沟通，主动引导孩子形成正确的思想、想法、希望和动机。这样不仅能达到使孩子健康成长的目的，还可以培养出一个有主见、有选择能力的孩子。

然而，在当代家庭中，很多父母面临着一个困境：随着孩子一天天地长大，他们发现与孩子的交流越来越难，特别是上了初中或高中的孩子，与父母的共同语言越来越少，不像过去上小学时那样，一回到家就把学校发生的事情一五一十地讲给父母听；不再让父母翻看自己的书包、日记、作文；不愿将自己的交友情况告诉父母；不让父母随便进入自己的房间；不服父母管教……有时即使父母问了他们，他们也是爱理不理的，或者三言两语，或者轻描淡写，敷衍了事，以此应付父母的提问，有的甚至和父母到了无话可说的地步，对父母的问题毫不理会。

父母与孩子如果不能沟通，实际上就等于完全丧失了教育权力。

亲子关系是孩子降临世间的第一个人际关系，它对孩子身心的健康发展是十分重要的，而融洽亲子关系也是与孩子沟通的有效渠道。俗话说：“知己知彼，百战不殆。”父母只有了解孩子，知道孩子想什么，愿意做什么，才能对症下药，找到沟通的捷径。父母和孩子之间的沟通是一个缓慢发展的过程，彼此都需要相互理解，尤其是父母，应该多理解孩子，多给孩子创造一个和谐的氛围，只有这样才能架起心灵的桥梁，才能使孩子健康、愉快地成长。

在与孩子沟通交流时，父母需要做到以下几点：

1. 充满关爱地和孩子交谈

在与孩子交流的过程中，父母时刻表露出一片爱心十分重要。在那些非常和睦的家庭中，父母在这方面做得都比较好。一般情况下，孩子肯定知道父母很爱她，所以，父母要以孩子可以接受的方式来向孩子表达自己对她的爱，用不了多久，父母可能就会惊喜地发现家里出现了崭新的局面。

2. 不要对孩子说过分的话

父母的情绪与孩子的身心健康密切相关，没有哪位家长在养育孩子的过程中不努力保持平心静气。然而，在碰到某些事情而激动时，父母可能会说一些过火的话，这种话不仅会伤害孩子，影响亲子关系，而且会影响孩子的健康成长。因此，当碰到一件比较棘手的事情时，睿智的父母会对孩子说："我心里确实很难过，因此我现在什么都不想说。出去玩吧，等我冷静下来后再找你谈。"

3. 给予孩子发言权

父母应允许孩子在家庭事务中拥有发言权，这样做有两个好处：第一，当父母在征求孩子意见的基础上做出决定之后，孩子会更愿意主动接受这些决定；第二，孩子能够意识到，她是这个大家庭中的重要一员，这对培养孩子的自尊心及责任感有莫大的帮助。

4. 认真倾听孩子的心里话

不管孩子要告诉父母什么事情，父母都要认真倾听，直到孩子说完。

在给孩子提出建议或者采取行动之前，父母务必确保自己清楚地知道了孩子所要表达的真正意思。

因此，父母要对孩子刚刚讲过的话进行阐述，然后询问孩子所阐述的是不是她的本意。

营造良好的家庭氛围

家庭氛围是在家庭成员相互影响、相互制约过程中所形成的心理情绪和环境气氛，包括生活环境、生活作风、生活方式、生活情趣等。

良好的家庭氛围，能够让孩子变得活泼、开朗、大方、诚实、谦逊、爱劳动、爱清洁、守时守信等；而不良的家庭氛围，则会使孩子变得胆怯、多疑、自私、嫉妒、孤独、放任、不懂礼貌等。因为孩子在适应家庭环境的过程中，常以父母为最亲近、最直接的模仿对象，形成自己的心理定势和性格特征。从某种程度上讲，家庭氛围的好坏是孩子心理、行为健康水平的重要相关因素。

美国心理学家诺尔蒂生动地描绘了家庭教育环境与儿童成长之间的关系：

如果儿童生活在批评的环境中，他就学会指责；

如果儿童生活在敌意的环境中，他就学会打架；

如果儿童生活在嘲笑的环境中，他就学会难为情；

如果儿童生活在羞辱的环境中，他就学会内疚；

如果儿童生活在忍受的环境中，他就学会忍耐；

如果儿童生活在鼓励的环境中，他就学会自信；

如果儿童生活在赞扬的环境中，他就学会抬高自己的身价；

如果儿童生活在公平的环境中，他就学会正义；

如果儿童生活在安全的环境中，他就学会信任他人；

如果儿童生活在赞许的环境中，他就学会自爱……

尤其是对更依恋家庭、依恋父母的女孩来说，家庭与社会相比，前者对她们的影响更大，因为家庭是她们主要的生活场所和赖以生存的地方。所以，创造一个良好的家庭环境，营造一种快乐和睦、温馨甜蜜的家庭气氛，对女孩身心的健康成长相当重要。

一位美国学者为了探知儿童的内心世界，了解他们对自己的父母和家庭究竟有哪些最迫切的要求，对一万多名肤色不同、经济条件各异的学龄儿童进行了一次大规模调查。调查结果令人惊异：孩子们对吃的、穿的、用的等东西似乎都不大在意，相反却很关注自己的家庭精神生活。

这位学者总结出各国儿童对自己父母的最重要的10条要求是：

1. 孩子在场时，父母不要吵架；

2. 对每个孩子应一视同仁；

3. 任何时候都不能对孩子失信或撒谎，说话要算数；

4. 父母之间要相互谦让，不可相互责备；

5. 父母与孩子之间要亲密无间；

6. 孩子的朋友来做客时，要表示欢迎；

7. 对孩子不能忽冷忽热，更不能动不动就发脾气；

8. 家里应该尊老爱幼，决定全家的事应该征求全家人的意见；

9. 家庭要重视文体活动，星期天要到户外玩半天；

10. 父母有缺点孩子也可以批评，应该欢迎孩子提不同意见。

从以上要求中不难看出，孩子们心目中的好家庭，应该有友爱、轻松、宽容、民主和活泼的气氛。在这种良好的家庭中生活，最利于孩子的身心健康成长。相反，他们最头痛的是气氛冷淡、紧张、沉闷、专横、毫无生气的家庭。

无独有偶，某儿童心理研究小组曾对3000余名学龄儿童进行了一次心理状况调查，其中有一条是“你最怕爸爸妈妈的是什么”。答案五花八门，值得深思的是，回答中最多的并不是“怕爸爸妈妈打我”，而是“最怕爸爸妈妈生气，怕他们吵架”。有一个答卷写得很生动：“我最怕爸爸生气，他生气的样子可凶啦，把妈妈都气哭了。我吓得像一只小老鼠，心里直扑腾，饭也吃不下去……”

其实，每一位家长都可以问问自己的孩子：“你心目中理想的家是什么样子？”然后，把她回答中的合理要求一一实现，孩子会因父母的改变而惊奇，并在父母的改变中读出尊重、关心、疼爱……从而因父母的改变而改变自己。

为孩子营造良好的家庭氛围，给孩子的成长提供一片肥沃的土壤、一片明净的天空，让孩子去发现、人性的亮点、生命的真谛是相当重要的。具体来说，父母可以从以下几个方面着手：

1. 营造快乐的家庭氛围

据调查显示，常有笑声相伴的家庭，女孩的情商和智商普遍较高。家庭就是一个组织，每个成员都是构成这个组织的个体。如果每个人都带一些快乐回家，家里自然就充满笑声。相反，如果每个人都携着烦恼回家，家庭中肯定会是乌云密布、雷电交加。为孩子营造快乐的家庭氛围，是父母最基本的责任。

2. 营造关爱的家庭氛围

孩子通常都十分渴望父母的关心和爱护。如果父母常常对孩子表现出冷漠的态度，或者动不动就对孩子说，你应该这样、你应该那样……在这样的环境中，感受不到亲情温暖的孩子，往往会产生逃离家庭的强烈愿望。早恋、离家出走等，往往是她们最常采取的消极对抗措施。

曾经有一对非常敬业的夫妇，父亲只关心女儿的学习，每天下班回家总是例行公事似的对女儿说一句话：“功课做好没有？”母亲回到家中则忙着做饭、收拾房间，而且她不准女儿饲养宠物，女儿养的猫和鸟都被她送人了。女儿忍受不了家庭的冷漠，屡次放学不归，不是步行到远处的外婆家寻找温暖和欢乐，便是在街头漫步。

后来，通过咨询心理专家，女孩的父母渐渐改变了自己的态度。父亲每天晚上都会主动与女儿聊天，或者下两盘棋；母亲则答应女儿可以养几条金鱼。由于家庭增添了和谐、欢乐的气氛，女儿再也不逃避回家了。

孩子的心愿是很简单的，只是希望父母能够给予自己更多的关爱和理解。只要父母适时转变自己的态度，让家庭之中充满关爱，孩子势必会渐渐回归到健康成长的正常轨道。

3. 营造和谐的家庭氛围

生活中，我们经常听到一些家长充满敌意地攻击配偶。他们从来没有想过，这样的家庭环境对孩子会产生多大的影响。

心理学家研究表明，从小就生活在气氛紧张的“缺陷家庭”中的孩子，智商一般较低，而且存在不少心理问题；而生活在和睦家庭中的孩子，心理都比较健康。

在夫妻恩爱、和睦温馨的家庭里，孩子过着无忧无虑、自然有序的幸福生活。父母经常带孩子散步、逛公园、参加体育锻炼、做游戏等，孩子可以全方位地接受教育，从而热爱学习，对周围的事物充满好奇和求知欲。反之，若夫妻感情不和，家庭气氛紧张，父母不仅无心照顾孩子，甚至会将孩子当做“出气筒”。生活在这样家庭环境中孩子感情上很痛苦，精神上很压抑，健康和智力也会受到严重影响。

4. 营造实践的家庭氛围

实践活动是从家庭开始的。家务劳动可以增长孩子的才干。比如：父母下班后帮忙拿拿拖鞋、递递茶杯、捶捶背等；也可以进行公益活动，如扫楼梯、擦扶手、护路灯等。孩子通过这些事可以感知自己与家庭的关系，了解周围的物质世界以及它们和自己的关系，还可以提高社交能力。所有这些活动都可以给孩子提供一个实践的天地。

为了更全面培养孩子，父母可在实践活动中添加创新教育，给孩子提供必需的材料，如作画的纸和笔、泥团、积土等，还可以鼓励孩子收集各种废旧材料，如纸盒、纸张、线团、石子、贝壳等，保证孩子有丰富的物质材料开展创造性活动。

家，是孩子成长的乐园，是孩子成才的摇篮，父母要自觉营造良好的家庭氛围，给孩子一方宽松的成长空间，为其茁壮成长打下坚实的基础。

分享女孩的喜怒哀乐

人生在世，喜怒哀乐等情志变化，时刻贯穿于生活之中！孩子作为一个独立的人，同样也有着自己的喜怒哀乐，也渴望能够与他人分享。如果父母能够适时地与孩子分享喜怒哀乐，孩子就会把父母当成知心朋友。

一方面，分享会让孩子感到父母在关心、爱护她，从而体验到幸福和快乐；另一方面，她会感到自己与父母处于平等的地位，从而对父母更加尊重，并乐于向父母倾吐心声。

同样，在孩子孤独或受委屈的时候，父母若能及时发现，与她一起分担烦恼和痛苦，并引导她、帮助她，可以使她更快地从痛苦中走出来，快乐健康地成长。

专家给您支招

父母应从生活中的小事做起，与孩子一起分享点点滴滴，这样不但可以增加相互间的理解与信任，而且可以教会孩子为人处世的道理。

具体来说，父母可以从以下几个方面着手：

1. 尽量保证和孩子相处的时间

父母不要以工作忙为借口不陪孩子，而应尽可能多地增加和孩子相处的时间。同时注意，物质上的满足不能等同于精神上的关爱。只有经常与孩子沟通交流，才能让她真正感受到父母之爱，而这种真诚的关爱也是孩子愿意向父母敞开心扉的前提。

2. 丰富和孩子交流的方式

有些父母虽然很关心孩子，但是他们只会简单地询问“吃饱了吗？“还想要什么？”这显然是不够的，根本无法走进孩子的内心世界。

因此，父母要采取多种方式与孩子进行沟通交流，让她愿意把心里话说出来。

比如，学会用“今天你感觉怎么样”、“学校里发生了什么好玩的事情”、“昨天那个同学后来怎么样了”等比较形象的提问。这样孩子才会滔滔不绝地把所见所闻包括自己的想法说出来。

3. 把握好自己的角色

在分享孩子喜怒哀乐的过程中，父母要掌握并扮演好三种角色：

（1）做孩子忠实的倾听者，倾听她的诉说和见解，成为她最信赖的亲密朋友。

（2）做孩子的引导者，以平等公正的姿态随时随地给孩子提醒和建议，循序渐进地引导孩子做出正确的判断。

（3）做孩子的帮助者，帮助她发现问题、解决问题，以顺利成长。

总之，在与孩子交流时，父母要灵活把握自己的角色，才能让沟通取得最佳效果。

经常和女孩谈谈心

女孩与男孩不同，她们的感情更为细腻，所以更容易出现情绪的波动。

例如，面对学习和生活中遇到的困难，身体柔弱、心灵脆弱的女孩往往会不堪重负，更容易妥协、放弃；与朋友之间发生了矛盾，女孩会左右为难、闷闷不乐；面对父母的不理解和不支持，女孩虽不擅长反抗，但却会把郁闷的情绪积压在内心深处；因为更注重与他人之间的关系，因为感情丰富、感觉敏锐，女孩遇到的烦心事，往往会比男孩多得多。

我们都知道，一个人内心的情感得不到倾诉和排解是很危险的一件事情。所以，女孩父母的任务也就更加艰巨，不仅要关注她身体的成长，还要引导她把内心的情感发泄出来，让她的心灵也健康成长。

那么，父母应采取什么方法才能使孩子更快地摆脱不良情绪的困扰呢?

方法很简单——多与孩子谈谈心!

谈心与聊天不同，聊天是一种轻松的交流方式，而谈心则需要父母从心理、情感等角度对孩子进行帮助，及时排解孩子的消极情绪。如果说聊天是一种简单、平常的沟通交流，那么谈心就是一种深入的心与心之间的沟通。

生活中，那些在父母的帮助下健康成长起来的女性，常常会对与父母谈心的经历记忆犹新。一位优秀的女企业家曾回忆道:

最令我记忆深刻的，就是我每次遇到困难的时候，母亲都会主动找我谈心。每次谈心，母亲都会和我并排地躺在床上，手挽着手……我们谈论过的话题有很多，关于友谊、关于坚持、关于选择、关于纷争、关于理性……每一次和母亲谈心之后，我都感觉自己浑身充满了力量。

时至今日，我还记得我和母亲手挽手并排躺在床上的情景……

在每一次和父母谈心的过程中，女孩学会了自信、乐观、坚强，也更积极、努力地为实现自己的理想而奋斗着。

无数事实也证明，经常与父母谈心的女孩，不仅在为人处世方面更优秀、意志力更坚强，而且她们与父母之间的关系也往往是亲密无间的。

专家给您支招

对父母来说，经常与孩子谈谈心，并非什么难事。女孩的内心世界虽然丰富多彩、难以揣测，但她们永远都愿意向父母敞开自己的心扉。

只要你放下家长的架子，找一个合适的时机，与孩子像朋友一样倾心交谈一次，你就会迷恋上这种与孩子沟通的最佳方式。

一个8岁的女孩曾这样抱怨道："跟父母谈心真没意思，他们总是一边干别的事情一边听我说话，眼睛从来不看我，有时我都不知道他们是不是在听我说话。"

的确，如果父母总是用一副高高在上的姿态与孩子交流，往往会使自尊心极强的孩子产生反感，进而放弃与父母沟通。

那么，父母在与孩子谈心时应该如何听孩子说话呢？

首先，父母倾听的姿态一定要正确。有关专家把父母倾听孩子的正确姿态总结为三点：

一是"停"，手和心理的"停"。即暂时放下正在做和正在想的事情，注视孩子，给孩子表达的时间和空间。

二是"看"。即仔细观察孩子的脸部表情、说话的声调和语气、手势以及其他肢体动作等非语言信息。

三是"听"。即专心倾听孩子说什么，同时以简短的语句，如"你觉得老师不公平吗"、"你很生气自己被冤枉吗"等，把孩子的想法和感受引导出来。

父母倾听孩子说话时，除了姿态要正确外，还要表现出听的兴趣。例如，在倾听孩子说话的过程中，可以用简单的诸如"太好了"、"真是这样吗"、"我跟你想的一样"、"你的想法太好了，请继续说"、"我简直不敢相信"等话语来表示你的兴趣。

提问女孩应注意语气

对于成年人来说，同一个问题，如果提问者的语气不同，对方的反应往往也会不同。对于孩子来说更是如此。如果父母问孩子同样一句话："你在做什么？"分别用质问和询问的语气来问，得到的答案往往是截然不同的。

因此，父母应格外注意自己的语气，做到：将音量保持在正常或低于正常说话时的水平；以一种尊重的口吻而不是要求或威胁的口吻；一次只问孩子一个问题。

当然，在父母提问时，孩子也有拒而不答的时刻，这时，父母需要做的就是重复这个问题，并且肯定地对孩子说："你还没回答我的问题呢。请回答我的问题。"

在这种情况下，大多数孩子会回答父母的问题。如果孩子仍然不回答，父母可以这样问她："以后你问我问题的时候，你希望我回答你吗？"这时，孩子再也没有理由不回答你的问题了。

专家给您支招

无数事实证明，父母与孩子沟通提问时的语气相当重要，它将影响亲子之间的关系，并影响女孩的心情。那么，父母到底应该如何把握自己说话的语气呢？

1. 用启发式的口吻提问

很多父母认为，只要自己说的话孩子听了，这就是沟通。其实不然。我们知道，父母由于自身成长年代的各种因素的限制，使得他们教育孩子的语言和思维都很贫乏。要想做到有效沟通，一定要善用提问这种交流形式。父母要，学会设计问题，用问话的口吻来与孩子进行沟通，尽量不要用陈述的语气，尽可能让孩子在听了之后自己非常愿意说，这才达到了问的目的。

2. 说话的语气和内容同样重要

很多父母发现，当自己向孩子提要求时，喊叫似乎成了自己正常说话的声音。的确，孩子有很多让人生气的行为，但是依靠父母的喊叫能解决问题吗？事实告诉我们，喊叫对孩子并不起作用，孩子可能会更加不重视父母的要求，他们会想：如果妈妈真的要求，她会喊叫的。如果妈妈不喊，那还用得着听她的话吗？于是，当父母叫孩子做一件事时如果只叫一遍，孩子是不会行动的，至少要喊上好多声，甚至表现出很生气的样子，孩子才会开始行动。

这是因为父母总是以教训的口气来指导孩子的行为，这种情况下即使孩子听从了父母的教导，也往往不是发自内心的。如果父母能够换种语气，以平等的、与朋友谈话的口气与孩子交谈，便能顺利地与孩子交流思想，而且一定会沟通得很有成效。

3. 说话时灵活运用语言技巧

（1）多使用短句。和孩子说话时，如果要充分吸引孩子的注意力，一定要让孩子能听明白。因此，使用的句子最好短一些，并且要重复自己所说的话，直到孩子明白为止。

（2）语调有变化。在不影响别人的情况下，说话的语调可以高一些，或者有一些高低起伏、抑扬顿挫的变化，这样更能吸引孩子汴意力。

（3）内容要具体.说话的内容要具体，而且是说现在的事，否则孩子提不起足够的兴趣来交流。

（4）语气要温柔。不要总是用责备的语气，多使用温柔、建议的语气，例如“不然，你说说看……”“妈妈很想听听你的想法”，这样沟通的气氛才会好，孩子也更愿意说出自己的心事。

避免对女孩唠叨不停

相信每个孩子都会烦父母的唠叨，我们大人对此也深有体会，因为我们也是在妈妈的唠叨声中成长起来的。父母特别是妈妈，为什么喜欢唠叨呢?可以说，每个爱唠叨的妈妈，都是因为太爱孩子了。然而，唠叨并不利于孩子的成长，不利于孩子自觉、自信、自尊、自理、自律等能力的发展。

因为，唠叨基本上表现为机械的重复陈词滥调，类似的话反复说很多遍，而且是几乎每天都说，直听得孩子耳朵“磨”出老茧，身心也被折磨得急躁不安，无法进入正常的学习状态。

其次，唠叨的内容也大多是指向孩子的弱点、缺点，没完没了的数落和冷嘲热讽，就算说的是好话，也多是规劝式的“不许这样”，“不要那样”等，让孩子感到自己不受尊重。同时，父母过多的唠叨会让孩子产生自我保护式的逆反心理，消极对抗、沉默不语或者干脆与父母针锋相对，以至于恼羞成怒。

所以，为了营造良好和谐的亲子关系，父母在与孩子相处的过程中一定要少一些唠叨，多一些倾听。

为了防止自己变得唠叨，父母们不妨参考如下方法：

1. 不要事事叮嘱，要有明确的目标

生活中，父母对孩子讲的话虽然多，但有许多话都没有讲到点子上。事无巨细，都反复强调叮嘱，搞得家庭上下不得安宁，父母为孩子不听话而气愤，孩子

在繁杂的环境里静不下心来学习。所以，父母在对孩子提要求时，应尽量用简洁明了的语言，把事情的前因后果讲清楚，并提出具体的建议、指导，同时也要允许孩子提出自己的意见和想法，然后再去做，并让孩子自己承担后果。

对于孩子完全清楚并有能力自己处理好的事情，让她自己去解决，并自己承担后果。比如：不按时起床就会迟到，这是每个学生都很清楚的。她做不到，在学校自然会受到应有的批评和惩罚。父母完全不必每天不断地提醒她，如果她总是迟到、被批评，自然会想办法解决这个问题。

2. 给孩子自主选择权

父母不要过分限制孩子的自由，或总是替孩子做决定，应该给孩子自由选择的空间如果给孩子下达硬性指令，然后靠不停的唠叨来督促孩子，效果往往并不好。

例如，妈妈想让孩子收拾自己的房间，于是对她说："晚饭前必须把你的猪窝收拾干净！"对于这样的硬性指令，孩子多半不会听，而妈妈看到孩子不听自己的话，就不断地反复催促，结果可想而知。

如果妈妈换一种说法："孩子，如果晚饭前你有空，就把你的房间收拾一下吧。"这样的说法，则能给孩子以喘息的空间，不会引起她的反感，一般能达到预期的效果。孩子自觉自愿要做的事情，积极性和兴趣都会很高，根本不需要父母的催促和提醒。

3. 学会倾听孩子的心声，别只盯着孩子的缺点

有的父母眼睛总是盯着孩子的缺点，翻来覆去地只讲缺点，不提进步。其实，绝大多数孩子能分辨是非善恶，只是缺少改正缺点的自觉性和毅力。如果父母总是喋喋不休地数落孩子的缺点，反反复复地教训她，"我说的话你就是不听"、"怎么说你才能改呢"，对于父母的态度，女孩会视为不信任，甚至产生逆反心理。

因此，聪明的父母应该立即停止唠叨，倾听孩子的内心的声音，用最省力的方式，达到最佳的教育目的。

第十章　纠正女孩的自身缺点

金无足赤，人无完人。处于成长期的女孩，由于自身的性格缺陷或处世方式等原因，致使她们无法很好地适应生活，从而显露出许多不合时宜的缺点。这就需要父母用自己的关爱来帮助孩子改正这些缺点，重拾成长的快乐。

培养女孩自我约束的能力

自律自控能力往往表现在能够控制自己、支配自己，并自觉地调节自己的行为等方面，它既善于促使孩子去完成应当完成的任务，又善于抑制孩子不良的行为。

孩子如果缺乏自我约束能力，对自己的言行毫不约束，任性放纵，为所欲为，就会导致人格的偏离，影响自身的健康成长，严重的还会导致违法犯罪，造成对他人和社会的危害。而且，这种孩子更容易受到外界干扰，很难在某一方面做出杰出成就，很难实现自己的目标。

其实，孩子的自我约束力在很大程度上是通过成人的教育和引导而获得发展的。人在刚出生的时候，是完全没有自我控制和自我调节能力的，这时，儿童几乎完全受冲动和欲望的影响，很难长时间做一件事，不能控制自己的欲望和情感。3～4岁后，孩子才逐渐发展起自律的能力。所以，父母最好在孩子两岁左右对其进行自控能力的培养。

在培养孩子自控的自制能力时，必须渗透到生活中的每一件小事当中。这种培养和要求，有助于孩子克服懒惰的习惯。

培养孩子的自律自控能力对孩子的成长是非常有利的。要想孩子拥有一个美好的前程，父母首先要让孩子成为一个自律能力很强的人。这就要求父母在孩子的成长过程中，从以下几方面入手，注重孩子自律能力的培养。

1. 从小培养孩子的自我约束力

从孩子能理解大人的话开始，父母就应帮助孩子逐步学会正确评价和判别自己行为的适宜度。即让孩子知道，什么是应该做的，什么是不该做的。一般来说，孩子较小时，自制力的培养主要是生活习惯的问题，如按时睡觉、按时起床、按时吃饭、按时上学、按时做练习等。开始时可能会有些困难，但时间长了，孩子就会在父母的督促下，学会控制自己、约束自己，并养成习惯。

2. 制定一些行为规则来约束孩子

比如为孩子制定一些卫生、劳动、学习等行为规则，并利用规则来约束孩子的行为。必须注意的是，这种行为规则不能过度或过于详细，否则会影响孩子的独立性。

3. 不要让孩子的欲望膨胀

比如，孩子在商店看见一个玩具娃娃，想要父母买，父母不能马上答应，不妨也向孩子提出要求，如果她每天按时起床，过生日的时候就送给她。类似的做法不仅能够使孩子懂得有付出才有收获，还能让孩子学会节制。

4. 启发孩子的自觉性

孩子自制力的发展和孩子的自觉性、坚持性是相联系的，父母要启发孩子的自觉性，让孩子养成自动自发的良好行为习惯，并让孩子坚持做体育锻炼，独立完成作业，克服学习中的困难，形成比较稳定的意志品质。

5. 耐心引导，培养孩子的自制力

当孩子出现缺乏自制的行为时，父母要保持冷静，对孩子耐心说服并加以引导，同时反省一下自己的教育方法是否适当，是否采取了令孩子心悦诚服的态度和方法等，只要父母平等地对待孩子，采取生动活泼、寓意深刻的方

式，耐心地教育引导，孩子便会慢慢地改变不良习惯，并逐渐成长为一个具有较强自制力的人。

6. 让孩子掌握控制自己行为的技能

有时孩子虽然明白了自律的道理，但还是控制不住自己，这种现象是因为缺少实施技巧。比如，孩子总是控制不住自己的情绪，易冲动，这时，父母可让孩子试着深呼吸或默默地数数，这些方法都有助于孩子克制自己。

引导女孩学会压制怒火

前苏联教育家马卡连柯曾经说过："不能克制自己的人，就是一台被损坏的机器。"如果在孩童时期，孩子不能学会克制自己的情绪，那么在成年后，她可能就要受到自己脾气的牵制，遇到事情无法真正做到冷静，因而容易判断失误。

既然性情急躁、不能克制自己会导致很难有所作为，那么，孩子爱发脾气的坏毛病是否可以通过后天的培养来改变呢？

答案是肯定的！良好的家庭环境，能够逐渐改变孩子爱发怒的恶习，而且可以把孩子修炼得越发冷静、沉稳。

有一个小孩脾气很坏，为了让她学会克制自己的脾气，她的父亲给了她一袋钉子，并且告诉她说："每当你发脾气的时候，你就钉一颗钉子在后院的篱笆墙上。"

孩子按照爸爸的要求做了。第一天，她就在后院钉下了37个钉子，于是她对自己说，我一定要学会克制。到了第二天，钉子的数量有所减少。就这样，她坚持下来，钉子一天比一天钉得少。孩子也发现，她控制自己脾气的能力越来越强了，终于有一天，她再也不会因失去耐性而乱发脾气了。

孩子兴奋不已，把这件事告诉了父亲，父亲也为她感到高兴，但是他并没有表扬她，而是告诉她："从现在开始，每当你能够控制自己脾气的时候，你就把你钉在墙上的那些钉子拔下一颗。"

时间一天一天过去了，钉子越拔越少，最后，孩子告诉父亲："爸爸，我已经把我钉上去的所有钉子都拔出来了。"

父亲表扬了孩子，并摸着她的头说："好，孩子，你做得很好。来，你跟我来。"

小女孩跟随父亲来到后院，他们走到那个篱笆墙跟前。父亲对她说："孩子你看看，那些围墙上的洞，这些洞都不可能恢复到从前的平坦了，你生气时说的那些话、做的那些事就像这些钉子一样，给别人留下了疤痕，也会成为你过去的污点，如果你不想以后再犯这样的错误的话，那么就永远不要乱发脾气了。"

这位父亲的教育方法非常值得提倡，他没有说教，也没有训斥批评，而是通过"钉钉子"这件事，让孩子懂得了怒火的破坏性，并让孩子逐渐养成了克制自己的好习惯。

下面是一些引导孩子克制怒火的有效方法，供父母们参考。

1. 父母要以身作则，控制住自己

当父母的脾气难以克制，已经发出之后，别忘了对身边的孩子说声："对不起，我错了！"父母的榜样作用将会赢得孩子更多的敬重，换取孩子健康的人格。

愤怒的情绪人人都会有，自制力不强的人往往容易因愤怒而伤人伤己。父母在对孩子的情感、心理进行引导时，不要忘了让孩子学会压制自己的怒火。

2. 不要助长孩子发脾气的习惯

当孩子在气头上，且一意孤行时，如果没有当下的危险，父母可以暂时不予理睬，让孩子处于孤立的境地，使她体验不讲理是无助的，发脾气是行不通的。若孩子发脾气时立即进行安抚，则是对发脾气行为的鼓励和赏识，会助长孩子发脾气的习惯。父母应当待孩子情绪稳定之后，再晓之以理，动之以情。这样，不仅惯不出孩子的脾气，而且有利于培养孩子的理性。

3. 试着让孩子克制怒火

事先让孩子明白发脾气的诸多弊端，做好克制怒火的心理准备，之后，当孩子因某种刺激而发火时，父母应及时提醒，让其自己克制。注意提醒时决不能带批评、抱怨等负面情绪，否则只会火上加油。

正在喷发的怒火需要控制时，内心体验是痛苦的，面对这种情境，人们往往会下意识地转移攻击目标，比如咬紧牙关、大声喊叫、伤心哭泣、摔东西或冲出门外，父母应当在事后告诉孩子，用摔东西等行为来代替发脾气，得不偿失，要试着运用不造成新损失的方式来转移怒火。

4. 教孩子科学地疏理怒火

火气上来的时候，咬咬牙，摆摆头，皱皱眉，做几次深长呼吸，然后坐下来，闭上眼睛，设法把身体放松，体会松下来的感觉，静一会儿之后就会好一些。当怒气较盛时，做一做比较剧烈的体育运动，比如举哑铃、俯卧撑、引体向上等，在剧烈运动中释放怒气。父母最好在孩子面前做几次类似的示范，孩子更容易模仿学习。当孩子有了一次利用适当的方式转移怒火、控制情绪的体验之后，父母应当时常赞扬孩子的成功，比如当着孩子的面向别人夸奖其坚强和成熟，以鼓励并强化孩子制怒成功的情感体验。

5. 用欲擒故纵法远离怒气

试着向不该发脾气的物体发脾气，多次试验之后，会觉得无聊、厌恶；

试着向不该发脾气的人发脾气，如果觉得无法做到，就在想象中试验，想象对方面对自己的暴怒时的态度和情绪反应，同时联想自己受气时的内心感受。多次训练后，孩子便会对“发脾气”的行为产生厌恶、恐惧之感，进而想要远离暴怒。

纠正女孩小偷小摸的缺点

小偷小摸的孩子都存有一种侥幸心理，第一次的成功往往会给他们带来快感，而这种侥幸和快感，会促使他们做第二次、第三次……正所谓“小洞不补，大洞吃苦”，小偷小摸是一种不良行为，如果不及时加以纠正，就可能演变成大偷大摸，毁掉孩子的前程。

小雨是一个外表看起来很安分的女孩，戴着眼镜，皮肤有点黑，只是她偶尔斜仰着头看窗外时，显得有些桀骜。

她出生在一个普通的农村家庭，父亲是村干部，母亲在家操持家务，她在家排行老二，上有姐下有弟。“从小到大，我似乎一直是被别人遗忘的，我的成绩不好，嘴巴也不甜，没什么特长，更没什么朋友，似乎总是一个人。”小雨有些自我厌恶地说。

“什么时候想到去拿别人的东西？”老师试探地问。

“小学的时候吧，我已经记不得第一次是什么时候了，因为我们家管得特别严，小孩子几乎没有任何零花钱。小时候，我看到伙伴们常吃零食，买一些漂亮的文具，特别羡慕，也很想要有。于是，便偷偷地开始拿邻居、同学的东西，后来才是拿钱。起初我很害怕，知道拿别人东西是不对的，又怕别人发现是我做的，心里很矛盾、痛苦。不过，当我把拿来的东西偷偷拿出来看的时候，那种感觉很刺激很美妙。”小雨毫不掩饰地说。

“在这之前，从来没被发现过吗？”老师问。

“小学五年级的时候，有一次，我偷了隔壁邻居家小孩的发夹，正偷偷躲在家里拿出来戴，被爸爸逮了正着。爸爸就像疯了一样，把我往死里打，打了还不过瘾，又把我扔进河里……从那以后，我经常做恶梦，梦见爸爸把我扔进河里……”小雨有些后怕地说。

“既然你爸爸管你这么严格，你为什么还会继续做这样的事呢？”

这时的小雨已经眼眶发红：“我也知道这事会给以后的生活造成不良影响……我也……不想这样，可是我控制不住自己。我曾经发誓再也不拿别人的东西，可又控制不住自己。我……我恨死我自己了！”

初中毕业后，小雨去县里读了职高。她的校长说：“小雨在同学眼中是个孤僻的人，独来独往，在班级里几乎没有朋友。她很喜欢去网吧。为了付上网费，她曾经以伙食费不够等原因四处向各科老师借钱，借的钱大多有去无回。”

对此，小雨的说法是：“爸妈对我读职高很不满，向他们要生活费，老是被数落，也要不到多少钱。那段时间，我很喜欢上网，只有在网络世界中，我才发觉自己存在的价值……”为了上网，曾经想过要重新开始的小雨忍不住又“重操旧业”了。

“高一那一年，我有些疯狂，几乎偷过我们班二分之一女生的东西。”随着小雨偷的东西越来越多，也越来越贵重，师生们开始寻找“盗贼”。

事发的那一次，她到另一个班的寝室里玩，顺手拿走了一只小灵通。“那次，几个女生都认为一定是我干的，她们跟踪我，跟踪了几节课后，那个被偷的女孩终于耐不住性子，直接找我谈。见我不承认，她当众拿过我的书包，把我的书和那只小灵通都倒了出来……”

事发后，小雨在同学的谴责中承认了过去的一切。

“事情败露后，我简直无地自容，我想过死，但学校的老师很好，没有向外公布，并帮我掩饰。”然而，同学的眼光有时候也会杀人。那段时间，小雨承受着巨大的压力，整天生活在水深火热之中。终于，她主动提出了退学……

像小雨这样想改又改不掉“小偷小摸”的坏习惯，实际上是一种心理疾病。而且这种偷窃的心理冲动是有周期性的，当冲动的紧张度提升到一定程度，偷窃行动即带来满足，偷完之后会后悔，却又重复去做。

这种喜欢偷窃的孩子，并非天生就是小偷，而与他们所受的家庭教育有关。像小雨的父亲，一发现孩子发生了偷拿东西的行为，就大动肝火，责骂、羞辱、体罚，甚至把她扔进河里。这种过于严厉的态度和反应，给孩子的心理带来了难以承受的压力，严重伤害了孩子的自尊心，由此产生怨恨、自卑、反抗情绪，反而有意通过偷窃来发泄内心的不满。

以上的故事告诉我们，孩子的小偷小摸行为不可轻视。孩子有了偷窃行为并不可怕，只要父母教育得当，偷窃的不良行为还是能得到纠正的。

像小雨那样的女孩，如果父母发现其偷窃行为后注意干预的方式，不要当着他人的面训斥孩子，多给孩子一些关爱，让孩子在家庭中得到温暖与关怀，再给孩子一些正确的引导，那么她可能就不会再进行偷窃了。

一般来说，4~5岁的孩子还不懂得什么是自己的，什么是别人的，还不懂得别人的东西未经许可不能随便拿的道理。这时父母要告诉孩子这个道理，并帮助女孩区别自己的和别人的东西。

当孩子已经知道别人的东西不能动，但是看到别人的东西好，又控制不住自己，故意把别人的东西悄悄地带回家，这就属于小偷小摸行为了，时间一长，就会成为一种习惯。小偷小摸是一种不良行为，发展到后来，会违法犯罪。

以下方法有助于父母帮助孩子改掉小偷小摸的坏习惯：

1. 增强孩子改邪归正的决心

父母应让孩子明白偷窃是一种不良行为，今日小偷小摸，就有可能在将来大偷大摸，走上犯罪的道路。通过反复教育，培养孩子的是非观，增强其改邪归正的决心。

2. 增强孩子改邪归正的信心

父母应从尊重、爱护孩子的角度出发，尽量挖掘她身上的优点，多采用赞许、表扬、信任、奖励的方法，点燃她的自尊心，唤起她的荣誉感，消除对抗情绪，树立上进的信心。

3. 不能棍棒相加

当父母发现孩子有偷窃行为时，有的姑息不管，有的棍棒相加，这两种态度和做法往往会使孩子走向极端，在错误的道路上滑得更远。孩子偷窃，父母也是有责任的，所以，父母有责任耐心地教育孩子，帮助孩子养成好习惯。

4. 增强孩子的抗诱惑力

有过偷窃行为的孩子，在接受教育后，有时会有所改变。但父母要在相当长时期内，帮助她避开某些直接诱因。同时，当孩子出现反复时，既要严肃批评，又要耐心说服，使孩子意识到错误，感到内疚，自觉改正错误。

5. 用故事帮助孩子改掉积习

孩子都爱听故事，父母可以通过讲故事使其明白“勿以善小而不为，勿以恶小而为之”，以及“防微杜渐”的道理。比如下面这个“总爱占小便宜”的故事便可以给我们一些启示：

从前，有一个女孩总爱占小便宜，拿别人的东西，她的父母发现后也不以为然，没有及时制止和纠正女孩的错误，反而认为女儿机灵聪明，会占便宜，吃不了亏。于是，女孩今天偷猪，明天偷牛，习以为常，从小偷小摸发展到打家劫舍，杀人越货，无恶不作。小恶姑息酿成大错。终于有那么一天，东窗事发，被关进大牢。即将被斩首之际，她向监狱长提出一个请求：“请允许我最后一次吃一口我妈的奶吧！”其母进监，已泣不成声，撩起衣襟，女儿吸吮母亲乳房时，却狠狠地咬掉了母亲的一个乳头，哭着说：“如果当初我有坏毛病时，你就及时指正，督促我改正，我今天就不会锒铛入狱，丢掉性命。”

一个人只有学会驾驭自己，才能去征服世界。

因此，父母要格外耐心，接受孩子的缺点，树立逐渐转化的意识。如果一发现问题就数落孩子，会造成孩子的反感和对立，很可能使以前的努力前功尽弃。要明确孩子改掉坏毛病是一个渐变的过程，要给她时间和机会改正。

帮助女孩改掉粗心的缺点

说起来，好像粗心是一个大不了的事情，其实，这个观念是错误的。粗心的孩子总是犯不该犯的错误，将来也很可能因为不该犯的错误而失去本应得到的东西。而且粗心的孩子容易浮躁，经常在考试时犯下不该犯的错误，但孩子似乎很难克服粗心这个毛病，每次考试都会因为粗心丢掉很多分数。父母和孩子为此都很着急。

期中考试过后，小荷的成绩不理想。分析过试卷之后，她伤心地说："全都是因为粗心的错误，我明明会的！"

第二次考试，小荷说："这道题我会做，可是在审题时却漏看了一个数字……"

某次作业之后，小荷说："老师，我的草稿本上写的都是对的，抄错了，真可惜！"

说起来，粗心好像无可厚非，毕竟知识是会的，只是不小心、粗心。可是，粗心也是不可原谅的。因为孩子犯过一次粗心的错误后，接下来并不是再也不粗心，而是一犯再犯。

其实，粗心和观察能力弱是密切相关的。粗心的孩子留意不到细节的变化，所以总是想当然行事，犯错自然难免。

观察是一种有目的、有计划、有步骤的知觉。它是通过眼睛看、耳朵听、鼻子闻、嘴巴尝、手触摸等行为去有目的地认识周围事物的心理过程。

其中，视觉起着重要的作用，90%的外界信息是通过视觉进入人脑的。观察是智力活动的门户。一个观察力强的人能从一般人认为是司空见惯的事物中发现奇迹，而一个观察力弱的人即使进入宝山，也可能空手而返。

观察力既是人通过眼、耳、鼻、舌、身感知客观事物的能力，也是孩子完成学习任务的必备能力。孩子学习知识需要从观察开始，即使是间接地从书本上获得知识，也离不开眼睛、耳朵等感官的观察活动。许多孩子学习成绩不好的原因就是观察力极差，从而导致思考能力和判断能力低下，由此可见，培养孩子的观察能力是非常重要的。

既然观察力如此重要，那么，父母该怎样培养孩子观察的习惯呢？

1. 指导孩子明确观察目的

孩子在观察时，往往目的不明确，喜欢凭自己的兴趣观察那些自己感到好奇的事物。事实上，孩子的观察任务直接影响到观察的效果。观察目的越明确，孩子的注意力就越集中，观察得也就越细致、深入，观察的效果就越好。指导孩子明确观察目的，不仅要教育孩子树立观察的意识，认清观察对于发展自身智力的好处，而且要教育孩子在观察任何事物时，都要有明确的目的，即观察什么，为什么观察。

例如，父母和孩子一起去公园，若没有要求孩子观察确切的东西，回来后问孩子，孩子往往回答得不如意；如果父母明确地要求孩子观察公园里的湖泊，孩子就会比较全面地描述湖泊，包括湖面的情况，周围的环境。因此，父母指导孩子观察事物时，可以随时指定一种观察对象，进行有目的地观察。

2. 让孩子有计划地观察事物

父母要帮助孩子拟订观察的计划，让其明确观察的对象、任务、步骤和方法，有计划、有系统地进行观察。

注意，观察的事物应该从简单到复杂、观察的范围应该从小到大、观察的时间应该从短到长，这样有计划地指导孩子观察事物，有利于逐步提高孩子的观察能力。例如，父母可以鼓励孩子种一盆花或其他植物，每天观察其变化，并写观察日记，父母对此给予必要的指导。这样一来，由于观察过程充满了乐趣，孩子往往可以观察到丰富的内容。再如，父母可以让孩子观察父母怎样做菜，然后让孩子一边观察，一边学着做，这样不仅提高了孩子的观察力，而且还锻炼了动手能力。

3. 教育孩子观察与思考相结合

许多孩子观察后就把观察的过程放在一边，这时，如果父母能够在孩子观察后进行提问，不但可以检查孩子观察的结果，而且可以促进孩子确定观察的内容和重点。

通过发问，父母不仅检查了孩子的观察能力，而且启发了孩子应该观察事物的全过程，在观察过程中注意细节，讲究方法。

观察力是感知与思考的结合，只观察而不思考是不会有新奇的发现的。

在培养孩子观察能力的同时，父母要引导孩子在观察中积极思考。只有这样，孩子才会更有目的、有针对性地去观察。

帮助女孩改掉自私的缺点

自私心理并非孩子一生下来就有的，而是由于教育不当或环境影响造成的。

现实生活中，自私的孩子并不少见。自私虽然不是什么大毛病，但如果一个人什么都不愿与他人分享、独占意识很强，将很难与他人形成良好的人际关系。

为了避免孩子产生独霸和抢先的不良心理，父母应从吃喝的小事注意对孩子进行良好的品德教育。一个孩子在吃喝等日常小事上目无他人，在别的事情上也会只想到自己，不关心他人。要想纠正孩子的这个毛病，可以先从分食做起，即吃东西时，家庭成员每人都有一份。即使为了保证孩子的营养，让她多吃一点，别人少吃一点，也一定要让她知道，这不是她的特权，当别人需要时，别人也有这种权利。

吃饭时，最好全家人一起吃，不可让孩子先上桌挑拣她爱吃的东西。平时也应注意培养孩子礼让长辈、礼让小朋友、礼让客人的好习惯。当孩子礼让时，应及时给予表扬和鼓励。

专家给您支招

从小克服孩子的自私，培养其与他人分享的意识很重要。为此，父母应该注意以下方法：

1. 自己为孩子树立榜样

父母要做与人分享的模范，经常主动地关心帮助他人，如帮助孤寡老人、给灾区人民捐衣送物等。

在孩子的成长过程中，“自私”是很容易出现的一个问题，出现“自私”心理也是一种正常的状况。但是，人类社会是群体生活，它要求人与人之间必须相互协调、关心和帮助。为了避免孩子成为一个自私吝啬、冷酷残暴的人，父母一定要重视帮助孩子逐渐摆脱以自我为中心，逐步养成利他行为。

2. 不要溺爱孩子

孩子吃独食，不愿与他人分享，与父母的溺爱是密切相关的。很多父母出于对孩子的爱，把好吃的、好玩的全让给孩子，偶尔想让父母分享，父母在感动之余却常说：“我们不吃，你自己吃吧。”长此下去就强化了孩子的独享意识，她会理所当然地把好吃的、好玩的据为己有。

在家庭生活中建立一定的“公平”环境，对防止孩子滋长“独享”意识有积极意义。父母还要教育孩子既看到自己也要想到别人，知道自己与其他成员是平等的关系，自己有愿望，别人也一样有愿望，好东西应该大家分享，不能只顾自己不顾别人。

3. 给孩子分享的实践机会

父母应经常让孩子与小朋友开展生动有趣的活动，共同活动，共同分享活动的快乐。另外，应常创造孩子为父母服务的机会，比如家里买了水果、糕点时，让孩子进行分配，如果孩子分配得合理，应及时表扬强化及行为。

4. 让孩子明白分享不是失去而是互利

孩子之所以不愿与人分享，是因为觉得分享就是失去。父母应该理解孩子这种难以割舍的“痛苦”，让她明白，分享其实不是失去，而是一种互利。分享体现了她对别人的关心与帮助，她与别人分享了，别人也会回报她同样的关心与帮助，这样彼此关心、爱护、体贴，大家都会觉得温暖和快乐。

5. 教育孩子“心中有他人”

在家里，父母要从小培养孩子习惯和别人平等生活。例如，吃糖果或点心时，父母就要有意识地人人都分到，不能光让孩子独自享用，要让孩子意识到，这些东西不仅她可以吃，爷爷奶奶、爸爸妈妈都可以吃。有时候，也可以让孩子自己来分，以教育她关心别人。有些父母常常给孩子吃“独食”，或者把多的、大的一份分给她，这样很容易滋生孩子的自私心理。因此，父母要经常引导孩子和其他小朋友友好相处，乐于把自己的食物和玩具拿出来一起分享。这样做，孩子的心中就会渐渐产生关心别人的愿望和行为。

帮助女孩克服拖拉的缺点

办事拖拉、磨磨蹭蹭是孩子常见的一种毛病，如果孩童时期没有克服这种毛病，就有可能使孩子形成懒惰的性格，在碌碌无为中度过平庸的一生。

有拖拉毛病的人，常常有以下表现：

1. 怕困难而把艰巨的任务、麻烦的问题拖到最后办理，或寻找借口一拖再拖；

2. 不善于整理环境，卧室、写字桌上乱七八糟；

3. 缺乏进取精神，不愿改变环境，不愿接受新任务；

4. 老是不肯做作业，直拖到每天的最后一刻，甚至不惜开夜车；

5. 遇到棘手的事或考试时，就装生病、找借口，企图回避；

6. 受到不公平的待遇时，即使自己有理仍忍气吞声，避免与别人发生冲突；

7. 无论遇到什么事情都怨天尤人，不检讨自己的不是；

8. 说起来一套一套的，想法很多，但从来不去付诸实施。

做事拖拉，百害而无一利。要想克服拖拉，首先要明白，绝对的完美是不存在的，逃避更是不可能成功的。只有现在的行动和接下来的行动才会决定事情的结果，拖延只会让结果更糟糕。当遇到困难的任务时，可以讲究策略，把大困难分解为若干小的步骤，然后马上去攻克它。

如果孩子小时候没有养成遇事马上做、日清日新的好习惯，总把今天的

事情推到明天，长大后也总是把需要完成的任务堆积如山，直到它们侵占了自己正常的休闲娱乐时间，人很累，但事情还是没有完成好。

对此，父母可以参照以下方法来帮助孩子克服拖拉的毛病：

1. 让孩子养成立即行动的习惯

如果孩子要做什么事，就要她从现在就开始，不要总是“明日复明日”。

孩子因为年纪还小，总觉得日子好像永远过不完，所以体会不到时间的重要性。对此，父母有责任帮助孩子认识到时间的宝贵、培养孩子养成立即行动的习惯。

2. 让孩子分清事情的轻重缓急

有的孩子做事杂乱无章，随意挑一件事就干，这样会把最重要的事给忽略了。所以，父母应让孩子学会分清事情的轻重缓急，并且在完成一件事之后才着手处理另一件。另外，集中优势也是很必要的。父母要让孩子做到一次只集中应付一个问题，直到处理完为止。

3. 让孩子为自己的事情规定一个期限

每做一件事，就让孩子给自己设定一个期限，这是避免她拖拉行事的有效措施。开始时，她的这个期限最好公之于众，让别人知道她的期限，并期望她按时完成。这样，孩子就会产生一种压力，自尊心会敦促她努力按时完成此事。公开的拖延往往要比私下里拖拉难堪得多。

4. 激发好胜心，在“比试”中克服拖拉的毛病

为了帮助孩子改正拖拉的毛病，父母还可以让她邀请同学、朋友到家里来玩、一起做家庭作业，看看谁做得又快又好，不管是谁做到了这一点，父母都应予以奖励。这样孩子为了面子，也会自觉地提高做事的效率。

而且这样做也能在孩子心中植下竞争意识。社会的竞争在孩子身上得不到体现，但是并不意味着父母就可以忽略对孩子的竞争意识教育。从小就树立孩子的竞争意识，让她知道，做事拖拉就会被大鱼吃掉，对她将来的成长和进步大有裨益。

帮助女孩改掉顶嘴的缺点

随着孩子的成长，随着孩子语言能力的发育，他们逐渐学会用语言表达自己的想法，慢慢地，父母眼中的乖乖女变得不再乖巧，而且经常与父母顶嘴。

一般情况下，孩子顶撞父母大致有以下几种原因：

1. 对孩子并不了解，缺乏足够的沟通交流

父母总想用自己的经验和教训去指导孩子，而孩子虽然没有成人，但已经有了自己的想法。父母认为自己的经验对孩子很有用，总是不容孩子分辩和诉说，一味地去灌输和教育。孩子压抑久了，随着年龄的增加，慢慢就会和父母顶起嘴来。

2. 父母的教育方式过于简单

再小的孩子心里也有一杆秤，如果父母在孩子的教育方式上不肯多花心思，仅仅凭着一时的喜怒去赞扬或批评孩子，或单纯地对孩子发号施令、训斥孩子，时间一长，孩子就不会再买父母的账了。

3. 不顾及孩子的感受

很多父母在教育孩子时总是不顾及孩子的感受，总是摆家长的架子，处

理问题简单粗暴，不容孩子辩解，批评教训孩子不分时候，不分场合。孩子也是有自尊的，父母的这些做法，会使孩子感到自己的形象和尊严受到了损害，因而容易产生抵触心理，和父母顶起嘴来。

4. 父母所持的观点不正确。

人无完人，为人父母者也不一定什么都懂，他们有时所持的观点本身就是错误的，孩子对此难以苟同，自然会对父母的言论进行辩驳，有的父母为此觉得脸上挂不住，就不分青红皂白地斥责孩子，这种行为是十分错误的。

专家给您支招

孩子身上的问题一般可以追溯到父母身上，孩子顶嘴了，不能只看到孩子的不是，也应该反思一下自己，找出孩子顶嘴的原因，然后找到解决的办法，让矛盾消除于无形。

1. 为孩子做个好榜样

如果父母自己都时常顶嘴，跟老人发生冲突，就无法让孩子心悦诚服地听话。因此，父母要以身作则，平日处世平和，不急不躁，遇到长辈时言行尊重，如此孩子自然会听从父母的教导，而不再顶嘴。

2. 用心倾听孩子的想法

孩子虽然小，但也有自己的想法。当孩子顶嘴时，父母应先遏制住怒气，心平气和地把孩子拉到自己身边，抚摸着她的脑袋，循循善诱，用温柔的话语引导孩子，倾听她辩解的理由。如果孩子说的有道理，就别端着家长的架子不肯让步。如果强硬地把孩子堵回去，而不进行疏导，等孩子长大些，就更会顶嘴。

3. 减少对孩子的溺爱

如果真是因为溺爱造成孩子顶嘴，只能从治根开始。只有把对孩子溺爱的氛围驱除了，顶嘴现象才能减少。最好是全家同一阵线，如果孩子明显是不讲道理的顶嘴胡闹，大家都不要理她，孤立她，让她承担后果。而当她变得讲道理听话时，则要用鼓励的言行强化她的转变。

4. 给孩子过渡的时间

有时候，孩子在玩或看电视的时候，身心还沉浸在愉悦的享受中，如果父母下令她停止，强制性地让她马上去弹钢琴或睡觉，孩子无法一下子从当前的活动中脱离出来，就会顶嘴。因此，父母应试着给孩子一个缓冲时间，比如告诉她："妈妈现在去刷牙，等回来时希望看到你已经关掉电视了！"或者告诉她，分针指到哪个数字时就要去弹琴了。这样说不仅语气和缓，孩子也大多会乖乖听话。一旦形成了规律，成了她的一个习惯，再执行起来就易如反掌了。

5. 营造民主气氛

民主代表着自由，为了让孩子有话直说，父母不应时刻以权威自居。不妨在家里营造足够的民主气氛，谁说的有理就听谁的，大家各抒己见。这样就能赢得孩子的信任，鼓励她随时讲出自己的感受，以便及时解决孩子身上的问题。父母不必担心自己会失去威信，其实父母越这样做，越能赢得孩子的理解和认同，也更能获得孩子的尊重。